ARBITRAGEM DE FUTEBOL

Questões Atuais e Polêmicas

ADEMAR PEDRO SCHEFFLER

Formado em Ciências Jurídicas e Sociais pela Universidade do Vale do Rio dos Sinos-UNISINOS de São Leopoldo(RS), em dezembro de 1979, ex-advogado do BANCO DO BRASIL S/A, advogado militante no Estado do Rio Grande do Sul, assessor jurídico do Sindicato dos Árbitros de Futebol do Estado do RGS, pós-graduado em Direito Desportivo pelo CETRA/CESUSC.

ARBITRAGEM DE FUTEBOL

Questões Atuais e Polêmicas

EDITORA LTr®
SÃO PAULO

Dados Internacionais de Catalogação na Publicação (CIP)
(Câmara Brasileira do Livro, SP, Brasil)

Scheffler, Ademar Pedro
Arbitragem de futebol : questões atuais e polêmicas / Ademar Pedro Scheffler. — São Paulo : LTr, 2008.

Bibliografia.
ISBN 978-85-361-1196-4

1. Esportes — Leis e legislação — Brasil 2. Futebol — Arbitragem 3. Futebol — Leis e legislação — Brasil I. Título.

08-06848 CDU-34:796 (81) (094.56)

Índice para catálogo sistemático:

1. Brasil : Futebol : Arbitragem : Leis comentadas : Direito desportivo 34:796 (81) (094.56)

Produção Gráfica e Editoração Eletrônica: **LINOTEC**
Capa: **FABIO GIGLIO**
Impressão: **HR GRÁFICA E EDITORA**

LTr

EDITORA LTDA.

Rua Apa, 165 — CEP 01201-904 — Fone (11) 3826-2788 — Fax (11) 3826-9180
São Paulo, SP — Brasil — www.ltr.com.br

LTr 3730.8 **Agosto, 2008**

Esta obra é resultante do Trabalho de conclusão do curso de Pós-graduação em Direito Desportivo promovido pelo Complexo de Ensino Superior de Santa Catarina — CESUSC em convênio com o Centro de Estudos do Trabalho — CETRA de Porto Alegre (RS), tendo como orientador o Professor Francisco Rossal de Araújo.

Aos árbitros (as) e ex-árbitros (as) de Futebol do Brasil,
na pessoa de Carlos Eugênio Simon.
A Paulo Rogério Amoretty Souza, *in memoriam.*

"O importante é ser FELIZ!"
Ademar P. Scheffler

SUMÁRIO

Lista de Abreviaturas e Siglas

AAFL	Argentine Association Football League
AFA	Asociación Del Fútbol Argentino
AIRR	Agravo de Instrumento em Recurso de Revista
ANAF	Associação Nacional de Árbitros de Futebol
CA-CBF	Comissão de Árbitros da Confederação Brasileira de Futebol
CBDF	Código Brasileiro Disciplinar do Futebol
CBF	Confederação Brasileira de Futebol
CBJD	Código Brasileiro de Justiça Desportiva
CBJDD	Código Brasileiro de Justiça e Disciplina Desportiva
CCB	Código Civil Brasileiro
CD	Comissão Disciplinar
CDC	Código de Defesa do Consumidor — Lei n. 8.078, de 11.09.1990
CEAF	Comissão Estadual de Arbitragem de Futebol
CLT	Consolidação das Leis do Trabalho
CND	Conselho Nacional do Desporto
CNE	Conselho Nacional do Esporte
CNIS	Cadastro Nacional de Informações Sociais
COAFESP	Cooperativa dos Árbitros de Futebol do Estado de São Paulo
CONMEBOL	Confederação Sulamericana de Futebol
COOPAFERJ	Cooperativa dos Árbitros de Futebol do Estado do Rio de Janeiro
CPC	Código de Processo Civil
CPI	Comissão Parlamentar de Inquérito
CTN	Código Tributário Nacional
CTPS	Carteira de Trabalho e Previdência Social
DATAPREV	Empresa de Tecnologia e Informática da Previdência Social
DJ	Diário do Judiciário
EDT	Estatuto do Torcedor
FEBAF	Federação Brasileira dos Árbitros de Futebol
FERJ	Federação de Futebol do Estado do Rio de Janeiro
FGF	Federação Gaúcha de Futebol
FIFA	Fédération Internacional de Football Association

FPF	Federação Paulista de Futebol
IBDD	Instituto Brasileiro de Direito Desportivo
IGDD	Instituto Gaúcho de Direito Desportivo
INSS	Instituto Nacional de Seguridade Social
JEC	Juizado Especial Cível
JECRIM	Juizado Especial Criminal
Lei do JEC	Lei dos Juizados Especiais 9.099/95
Lei Pelé	Lei n. 9.516, de 24 de março 1998
Lei Zico	Lei n. 8.672, de 6 de julho de 1993
MEC	Ministério da Educação e Cultura
OAB	Ordem dos Advogados do Brasil
ONU	Organização das Nações Unidas
PIB	Produto Interno Bruto
PL	Projeto de lei
PLS	Projeto de Lei do Senado Federal
RAP	Referees Assistence Program
RBS	Rede Brasil Sul de Telecomunicações
Resp	Recurso Especial
RR	Recurso de Revista
SAFERGS	Sindicato dos Árbitros de Futebol do Estado do Rio Grande do Sul
SAPERJ	Sindicato dos Árbitros Profissionais do Rio de Janeiro
SAFESP	Sindicato dos Árbitros de Futebol do Estado de São Paulo
STF	Supremo Tribunal Federal
STJ	Superior Tribunal de Justiça
STJD	Superior Tribunal de Justiça Desportiva do Futebol
TJD	Tribunal de Justiça Desportiva
TJMG	Tribunal de Justiça do Estado de Minas Gerais
TJRJ	Tribunal de Justiça do Estado do Rio de Janeiro
TJRS	Tribunal de Justiça do Estado do Rio Grande do Sul
TRT	Tribunal Regional do Trabalho
TST	Tribunal Superior do Trabalho
UEFA	União das Associações Européias de Futebol (Union of European Football Associations).

APRESENTAÇÃO

Conheci o Dr. *Ademar Pedro Scheffler* lá pelos idos de 1986/87, quando comecei a minha carreira de árbitro de futebol.

Na qualidade de quem é especialista em Direito Esportivo, tendo sido também árbitro de futebol, *Scheffler* sempre posicionou as questões ligadas à arbitragem como o principal foco dos seus interesses e reflexões. Esteve e continua colocando seus conhecimentos em defesa da causa dos árbitros nos Tribunais.

Um dos resultados da sua atividade e das suas preocupações é este livro, que traz para o público leitor considerações inteligentes e instigantes sobre aspectos ligados à arbitragem do futebol.

Trata-se de uma obra que desperta a atenção não apenas dos profissionais do apito, mas de todos aqueles que acompanham atentamente e se interessam pelos rumos do futebol brasileiro.

Nesta obra, o leitor vai encontrar dissertações sobre a sempre tão discutida e muito adiada — apesar de extremamente necessária — profissionalização da arbitragem de futebol.

Em suas páginas também estão contemplados aspectos da Justiça Desportiva, do Direito de Arena e outras questões da esfera trabalhista, cível e criminal que se referem ao universo dos árbitros.

Este livro surge em um momento extremamente oportuno, em que se verificam mudanças significativas na realidade do futebol brasileiro, como de resto está ocorrendo em toda a sociedade brasileira.

Por intermédio de uma apuração criteriosa de dados, o livro de *Scheffler* traça um painel esclarecedor e convincente da situação do árbitro no Brasil e no Mundo. Por meio de sua leitura é possível constatar que há ainda um longo caminho a ser trilhado pelo conjunto da arbitragem nacional para conquistar o justo e merecido reconhecimento profissional.

Muito tem se debatido e comparado a arbitragem da América do Sul com a da Europa. Neste sentido, o livro de *Scheffler* é revelador. Ele nos mostra que as verdadeiras diferenças estão fora das quatro linhas. As condições de trabalho da arbitragem européia são bem superiores às nossas, inclusive com alguns países já tendo efetivado a profissionalização da atividade.

Assim como o autor aponta nas linhas que escreveu, eu cultivo a certeza de que não há outro caminho para elevarmos o nível da arbitragem sul-americana que não seja a profissionalização dos árbitros.

As questões abordadas no livro sobre a Justiça Desportiva e, fundamentalmente, a Trabalhista são essenciais no debate que está posto sobre o tema.

Trata-se, pois, de uma contribuição preciosa e relevante para a causa da arbitragem brasileira. Sem dúvida, está destinada a se tornar uma obra de referência sobre o tema.

De um companheiro do gabarito intelectual e da lealdade de *Ademar Scheffler* não se poderia esperar outra coisa.

Carlos Eugênio Simon
Árbitro da FGF, CBF e FIFA.

PREFÁCIO

O Direito Desportivo aguardava ansiosamente produção doutrinária destinada a uma das atividades mais controvertidas no mundo da bola, a arbitragem de Futebol. E o conhecimento técnico e jurídico de *Ademar Pedro Scheffler*, aliado à ousadia nesse terreno movediço, culminou com um livro de cabeceira aos amantes da boa ciência em matéria de desporto.

O autor se fez presente nos principais eventos de Direito Desportivo do País nos últimos anos, sempre apresentando trabalhos e teses, insistindo, até, no debate sobre a atuação do árbitro na modalidade paixão nacional.

A presente obra traz com maestria retrospecto histórico na atividade da arbitragem das partidas de Futebol e informações essenciais que permitem constatar o desequilíbrio econômico na gestão de várias funções e entidades ligadas à modalidade em comparação com os responsáveis em mediar o espetáculo desportivo mais rentável do planeta.

O "abnegado ser humano que se dedica a dirigir partidas de Futebol", nas palavras do autor, é alvo fácil da mídia, dirigentes e do cidadão comum. Todos entendem das regras no País do Futebol, e a ameaça tecnológica para controle do poder do árbitro é tema sempre recorrente e caminha na direção do processo de desumanização do desporto. Mas poucos conhecem, como o autor expõe nesta obra, o que cerca o tema da profissionalização da atividade no Brasil e no exterior, os vínculos desportivos, sistema remuneratório, pagamentos das taxas, custeio de despesas, tributação, em síntese, direitos e deveres que incidem sobre a função de árbitro de Futebol.

Apenas com essa instigante temática já teríamos um tratado consistente na área, entretanto o autor foi muito além. Enfrentou assuntos importantes como o impacto da ação do apito nos aspectos disciplinares da partida, ou seja, o que, na esfera da Justiça Desportiva, a codificação reservou àqueles que violam a ética e a disciplina, inclusive aos próprios árbitros. Tratou de enumerar um a um todos os dispositivos do Código Brasileiro de Justiça Desportiva que têm relação com a atividade do árbitro de Futebol. A presunção relativa e forma de preenchimento da súmula e do relatório do árbitro, anteriormente tidos como "rainha das provas", ganhou destaque e análise minudente em face da legislação desportiva.

O erro de fato e erro de direito na escorreita perspectiva da inobservância das regras da modalidade, anulação de partidas e das impugnações dos seus resultados, a partir do quase inexistente equívoco do árbitro capaz de comprometer juridicamente uma partida de Futebol.

Como se não bastasse toda a proposta de denso conteúdo já descrito, o autor surpreenderá os leitores com a sua visão sobre a teoria da responsabilização, civil e criminal, em um labor efervescente e propício para tanto, sempre bem recheado de jurisprudência.

Além disso, como não poderia deixar de ser, ao nos defrontar e apontar a caótica realidade de retribuição econômica, *Ademar* defende uma fonte de receita à atividade no sentido de estender o "direito de arena" aos árbitros de futebol, na sua visão tão protagonistas do espetáculo desportivo, muitas vezes, quanto os atletas.

Enfim, o leitor encontrará uma obra compromissada com a cientificidade em uma área por vezes impregnada do empirismo.

Foi uma honra poder participar na apresentação desta obra séria, de autoria de quem domina e demonstra inequívoca autoridade sobre o tema e, principalmente, de alguém que realmente se importa com o desenvolvimento de um desporto livre, democrático, gerido de modo profissional e ao mesmo tempo dotado de preceitos éticos e morais.

Paulo Marcos Schmitt
Advogado, Procurador-Geral do STJD do Futebol, Vice-Presidente da Comissão de Direito Desportivo da OAB Federal e Membro da Comissão de Estudos Jurídicos do Ministério do Esporte.

INTRODUÇÃO

O Futebol é o esporte mais praticado sobre a face da Terra, seja na forma amadora, seja na forma profissional. Nessa esteira, movimenta anualmente bilhões de dólares, constituindo-se, também, em importante atividade econômica global, que irradia seus efeitos para diversas atividades paralelas ao esporte, tais como propaganda, indústria e comércio de produtos diversificados (estima-se que o esporte, além de gerar 4% dos empregos no mundo, seja responsável por cerca de 3% da atividade econômica global). No Brasil o desporto movimenta anualmente o equivalente a 3,4% do PIB (segundo estimativas, o Futebol é o segundo empregador no Brasil, só sendo superado pelo Governo Federal). Os clubes de Futebol ingleses, por exemplo, investiram, no ano de 2007, mais de um bilhão de reais, somente em contratação de jogadores, grande parte deles advindos de outros países. A Liga Inglesa, por sua vez, arrecada cerca de R$ 4 bilhões só em direitos de TV por ano, vendendo o campeonato para mais de cem países. A final da Liga dos Campeões da Europa de 2008, disputada em Moscou entre o Manchester e o Chelsea, gerou receitas estimadas em 260 milhões de euros, entre rendas da UEFA, cotas de patrocínio, venda de ingressos, direitos de televisão e outros lucros indiretos).

O Futebol é regido por dezessete regras simples e, por isso, é praticado em todos os lugares, sem necessidade de grande infra-estrutura mínima. Aliás, os defensores da sofisticação das regras, com introdução de aparelhos e decifradores eletrônicos de lances polêmicos, esquecem que é a sua simplicidade que permite a prática do esporte, com as mesmas regras, em qualquer local, mesmo que de escassos recursos materiais. Talvez seja por isso que a FIFA tem mais filiados do que a ONU (a FIFA tem 208 Associações Nacionais e 6 Confederações Continentais, enquanto a ONU tem 191 países membros). A introdução de normas que exijam equipamentos sofisticados para a prática do futebol, incluindo recursos eletrônicos para substituir ou subsidiar as decisões dos árbitros, certamente o transformará em esporte de elites e poderá ser, quiçá, a sentença de morte do futebol em muitos locais do planeta. Se a sofisticação das regras se concretizar, outro esporte certamente tomará o lugar do futebol, principalmente entre as populações de menor poder aquisitivo. Aliás, como diz um jargão popular: *"O futebol é jogado por humanos, deve ser apitado por humanos e, em conseqüência, estará sujeito aos erros humanos."*

Além de movimentar a economia, o futebol tem servido a muitas causas sociais e humanitárias. A última Copa do Mundo, disputada na Alemanha, além de incrementar o BIP alemão em cerca de US$ 10 bilhões, pregou a "paz" e o combate à "discriminação racial". Em pronunciamento feito na abertura, o então Secretário-geral da ONU, Kofi Anan, declarou: *"o futebol é uma linguagem global. Ultrapassa barreiras sociais, culturais e religiosas. Estimula o desenvolvimento e o crescimento pessoal, nos ensina a trabalhar em equipe, melhora a auto-estima e abre novas oportunidades(...)"*.

Importante lembrar, a propósito, que a Copa do Mundo de 2010 será disputada no Continente Africano-África do Sul, cujo PIB terá incremento superior a US$ 3 bilhões. Talvez seja o evento mais importante já realizado para a integração africana com os demais continentes, coisa que a ONU, os governantes e as guerras não vêm conseguindo, transformando alguns países daquele território em verdadeiras tragédias humanas. As atenções do mundo, pois, estão voltadas para o Continente Africano. Assim como a última Copa acabou de expor a exuberância da Alemanha, uma das potências capitalistas mais importantes do planeta, certamente abrirá os olhos de bilhões de esportistas, jornalistas, telespectadores e turistas para as belezas naturais e o crescimento econômico, de um lado; e para a miséria, a desesperança e a enorme concentração de renda, de outro. Em 2014, por sua vez, o Brasil da esperança sediará o evento mais importante do futebol mundial.

Nesse cenário, além de jogadores, dirigentes, torcedores e demais personagens que gravitam em torno do futebol, a figura do árbitro e seus assistentes merece consideração especial. A figura do juiz de futebol surgiu em 1868, na Inglaterra, com a função de marcar faltas e resolver problemas a pedido dos capitães das equipes. Na consolidação das regras do futebol, no século XIX, o mediador foi introduzido no ano de 1871, também na Inglaterra (alguns pesquisadores sustentam que apenas em 1881 as leis do jogo passaram a tratar do árbitro de futebol e que em 1896 ele passou a ter poder punitivo a atletas transgressores e suas decisões de fato passaram a ser finais). Antes disso, por volta de 1580, foi publicado na Itália um livro com regras sobre o *"calcio"*, em que havia previsão de 27 jogadores para cada lado e dez juízes. Foi em l878 que o árbitro utilizou, pela primeira vez, o apito. Antes disso, eram utilizados outros instrumentos para sinalizar infrações e outras incidências nas partidas, tais como lenços e pedaços de madeira. Esses últimos passaram a ser utilizados pelos "bandeirinhas" ou assistentes do árbitro para fazer os sinais referentes ao cumprimento das regras. Hoje evidentemente alguns aparelhos e instrumentos mais modernos são utilizados para aperfeiçoar a atuação e a marcação de infrações e incidências nos jogos.

Sobre a atividade desses mediadores no futebol é oportuno dizer que, com a evolução da humanidade e a multiplicação dos seres, diversificaram-se as atividades laborativas. Muitas, desenvolvidas inicialmente como mero lazer, transformaram-se, com o passar do tempo, em atividades remuneradas e em verdadeiras profissões. É o caso dos mediadores ou juízes de esportes individuais e coletivos que, desde a Antigüidade, constituem personagens importantes e indispensáveis ao desenvolvimento da prática desportiva amadora e profissional no mundo. Em nossos dias, a maioria dos esportes, como é o caso do Futebol, é arbitrada ou dirigida por equipes de árbitros e auxiliares.

A referida atividade não tem regulamentação formal no Brasil, como também acontece em praticamente todos os países, mesmo onde se pratica o esporte com intensidade e alto profissionalismo. A recente legislação brasileira (lei Zico e Lei Pelé, respaldadas pelos arts. 24, inciso IX e 217 da Constituição Federal) traz normas sobre a constituição de associações, recrutamento e formação de árbitros e sobre a inexistência de vínculo empregatício dos mesmos com as entidades desportivas diretivas.

É nesse contexto que se desenvolvem as atividades desses árbitros e se formam as respectivas relações de trabalho e de exercício da atividade específica. Aliás, o exercício da referida atividade e as relações entre os árbitros e as entidades que dirigem o desporto são semelhantes no mundo inteiro, conforme demonstrará o desenrolar desse trabalho.

Especificamente no que se refere às relações jurídicas, importante consignar que a doutrina é escassa sobre o tema. O Direito Desportivo, ramo relativamente novo da Ciência Jurídica, vem se debruçando sobre outros temas relevantes e específicos, mais voltados aos atletas e aos clubes, na tentativa de interpretar e aperfeiçoar as forças normativas emanadas do ordenamento público e privado relacionados ao desporto. A jurisprudência brasileira, especialmente no âmbito trabalhista, enfrentou algumas questões envolvendo árbitros, principalmente na década de 70 e 80, com discussões em torno da formação de vínculo empregatício com as entidades desportivas, em especial federações estaduais e nacionais. Na década passada, a incidência de discussões judiciais sobre o tema diminuiu, inclusive em razão da alteração na legislação pátria.

Assim, a obra está direcionada para a análise de aspectos fáticos e jurídicos das atividades e relações dos árbitros, inclusive no âmbito da Justiça Desportiva e do Poder Judiciário, esferas criminal, trabalhista e cível, com análise da situação fática no Brasil e em diversos países da América e da Europa. Além disso, será analisada a legislação nacional, inclusive as propostas e estudos existentes no Congresso Nacional sobre a regulamentação formal da profissão, já que diversos segmentos ligados ao Futebol defendem a profissionalização dos árbitros, diante do contexto em que atuam, no qual a maioria dos jogadores, dirigentes e demais profissionais envolvidos são profissionais especializados e em constante aperfeiçoamento. Finalmente, serão lançadas luzes sobre a questão da responsabilidade civil de atos e de fatos ligados à arbitragem de futebol, bem como breve estudo sobre o chamado Direito de Arena.

Trata-se de tema que ainda não mereceu uma abordagem científica específica e aprofundada no Direito pátrio, embora se refira a uma atividade importante e com crescente profissionalização. As tendências modernas do Direito Desportivo, do Direito do Trabalho, do Direito Civil e do próprio desenvolvimento social e econômico refletem a necessidade de estudos abrangendo o segmento desportivo, inclusive com relação a árbitros e a assistentes, em razão da sua importância social e econômica atual.

Assim, desenvolveram-se alguns aspectos específicos teóricos e práticos que envolvem a atividade de árbitro de futebol, inclusive com exemplos de casos que tramitam ou tramitaram no âmbito da Justiça Desportiva e do Poder Judiciário Brasileiro.

1

RELAÇÕES LABORAIS E PROFISSIONALIZAÇÃO

"Falta. O árbitro apita, o jogador do time local bate rapidamente e o jogo continua. O árbitro então retoma suas reflexões, correndo sob um sol impiedoso, sádico, para lá e para cá. 'É isso aí, companheiro', dialogando mentalmente consigo mesmo. "Quase 35 anos, uma pilha de sonhos abandonados e esta roupa preta, para completar. Meu Deus, o que é que eu fui fazer da minha vida? Como, diabos, eu fui chegar a isto? Só posso crer que minha natureza seja, acima de qualquer outra coisa, visceralmente autodestrutiva. Faz parte de mim um desejo irrefreável de ser odiado por todos. Vai ver que é isso. Vai ver que é isso mesmo (...) O primeiro soco ninguém jamais soube de onde partiu. Atingiu, no nariz, um zagueiro do time local, que, tomado de dor lancinante, cobria com as mãos o rosto ensaguentado e gritava de dor. A pancadaria se generalizou entre os jogadores. A polícia intervém com rapidez e firmeza. O saldo da briga: cinco expulsões(três jogadores do time visitante, dois do local, quatro cartões amarelos e três torcedores presos por invadirem o campo. A partida prossegue. (...) Essa violência, essa ira, essa irracionalidade que de repente domina a todos, transforma a todos em ogros sanguinários — o que significa isso? De onde vem isso? Parece que não há como nos livrarmos dessa tensão constante, dessa eterna tendência para o desatino. De um instante para outro, joga-se fora o que vinha sendo conquistado ao longo de milhões de anos. Seres pacíficos viram monstros. Equilíbrio e docilidade são subjugados pelo instinto de destruição, pela sanha assassina. Num piscar de olhos, ou menos do que isso, toda a nossa obra de civilidade desaba e sobram unicamente o cheiro do sangue e as bocas secas de raiva. É espantoso que ainda existam árvores em pé neste mundo.O árbitro apita o final do jogo. O resultado é 1 X 0 para o time visitante. Nenhum jogador vem apertar-lhe a mão. Agora será preciso proteção policial para o trio chegar ao vestiário e, quiça, deixar o estádio. 'Paciência', reflete o árbitro, (...) não vai ser a primeira vez, nem a última, com a mais absoluta certeza — a menos que eu decida o contrário e coloque um fim nessa maluquice em que se transformou a minha vida.(...) Ao chegar em casa, o árbitro é recebido no portão pela mulher, como sempre. O filho assistiu ao jogo e já foi dormir. Mandou dizer que falaria com o pai no dia seguinte. A esposa diz: 'Fiquei preocupada. Foi tudo bem na saída?'. O árbitro responde: 'Tudo bem'...." (LOVATO, Cláudio, 2002, p. 47-51)

O desabafo transcrito consta do artigo reflexões de um árbitro em crise, de *Cláudio Lovato*[(1)] e reflete a experiência amarga por que pode passar um árbitro de futebol. Certamente contrasta com a filosofia de *"fair play"* que hoje é o lema e a grande meta do futebol em nível mundial, em que os jogos devem ser disputados sem violência e, ao final, que os jogadores e dirigentes estejam em plena harmonia com os árbitros e demais participantes do espetáculo.

Eduardo Galeano[(2)], observa que:

> "O árbitro é arbitrário por definição. Este é o abominável tirano que exerce sua ditadura sem oposição possível e o verdugo afetado que exerce seu poder absoluto com gestos de Ópera. Apito na boca, o árbitro sopra os ventos da fatalidade do destino e confirma ou anula os gols. Cartão na mão, levanta as cores da condenação: o amarelo, que castiga o pecador e o obriga ao arrependimento, ou o vermelho, que o manda para o exílio."

Verdadeiro "bode expiatório de plantão",o "apitador" é, muitas vezes, na opinião dos apaixonados, a causa dos fracassos das equipes. A propósito, arremata *Galeano*[(3)]:

> "Às vezes, raras vezes, alguma decisão do árbitro coincide com a vontade do torcedor, mas nem assim consegue provar sua inocência. Os derrotados perdem por causa dele e os vitoriosos ganham apesar dele. Álibi de todos os erros, explicação para todas as desgraças, as torcidas teriam que inventá-lo se ele não existisse. Quanto mais o odeiam, mais precisam dele."

As atividades dos árbitros ficam cada vez mais complexas e difíceis, já que eles têm de administrar e dirigir os acontecimentos dentro do campo e extracampo, que envolvem não só jogadores, mas dirigentes, jornalistas, torcedores e outros personagens ativos no futebol. Muitos apaixonados pelos seus times, por vezes possessos e de "ações instintivas", que lembram o lado mais animal do ser humano, geram a violência que hoje ronda o futebol. No jogo que ficou conhecido como "A Batalha dos Aflitos", por exemplo, em que se defrontaram Grêmio Futebol Porto-Alegrense e o Náutico de Recife (PE), pelas finais do Campeonato Brasileiro da Segunda Divisão de 2005, disputado no Estádio dos Aflitos em Recife (PE), o árbitro foi o centro dos acontecimentos e sua atuação e atitudes foram descritas em diversos livros, vídeos e matérias jornalísticas

---

(1) LOVATO FILHO, Cláudio. *Na marca do pênalti*. 34. ed. São Paulo. 2002.

(2) *Futebol ao sol e à sombra* — L&PM Pocket — p. 17.

(3) *Opus citatum*, p. 18.

sobre os fatos daquela partida, que levou o time gaúcho de volta à Primeira Divisão do Campeonato Brasileiro. O jornalista gaúcho *Luiz Zini Pires*, por exemplo[4], ao descrever os acontecimentos daquele dia, faz um análise do que aconteceu após a marcação de uma penalidade máxima contra o Grêmio, pelo árbitro carioca *Djalma Beltrami*, e definida como "A polêmica decisão de Beltrami". Relata que, imediatamente após a marcação da penalidade, o árbitro sofreu um encontrão do jogador *Patrício* do Grêmio que "acertou o peito do juiz com o ombro" e prossegue:

> *"Beltrami quase caiu com o impacto. Recuou, mas, no momento seguinte, estava firma outra vez. Do bolso direito da bermuda preta, retirou o cartão vermelho e o esticou na frente de Patrício. O vermelho do cartão vibrou no ar. Próximo da grande área, possessos, os gremistas cercaram Beltrami. O juiz estancou. Então, foi andando para trás, pressionado. Patrício lhe deu outro encontrão, porém mais leve, e tentou, com esperança, argumentar: Ele estava com o braço colado ao corpo. Não foi pênalti, não foi. O juiz avançou, saltou dois passos e mandou um peitaço de militar em direção a Lipatin, que recuou. Beltrami tem quase oito anos de experiência nos batalhões de choque da PM carioca. O volante Nunes recebeu cartão vermelho 24 segundos depois da expulsão de Patrício, por tentar segurar a camisa do árbitro. A pressão era insuportável e ele precisava mostrar mais autoridade ainda..."*[5]

Os relatos mencionados apenas são uma amostra de situações inusitadas, imprevisíveis e complicadas que a atividade de "juiz de futebol" pode trazer aos abnegados seres humanos que se dedicam a dirigir partidas, que envolvem paixões, bem como interesses políticos e econômicos de vulto. Entretanto, é oportuno lembrar que a atividade também traz muitas alegrias e satisfações, bem como realização pessoal e profissional. Pena que a imprensa, como sói acontecer com as notícias em geral, dá mais destaque aos fatos negativos e aos erros dos árbitros, limitando espaços menores aos desempenhos corretos e sem incidentes dos juízes de futebol. Costuma-se dizer que, quando o árbitro passa despercebido numa partida, é porque atuou bem.

O ex-árbitro da Federação Gaúcha de Futebol, da CBF e da FIFA *Renato Marsiglia*, em entrevista ao autor deste trabalho, em março de 1995, meses depois de atuar na Copa do Mundo, abordando questões relacionadas à atividade do árbitro, já dizia que muitos jogadores vêem

(4) *71 segundos — O jogo de uma vida*. Porto Alegre: LPM — p. 86-87.
(5) *Idem*.

na figura do árbitro praticamente um inimigo em campo, embora essa mentalidade esteja mudando, ao contrário do que acontece com os dirigentes e torcedores, que são sempre passionais.[(6)]

---

(6) P. Na sua opinião, qual a imagem ou a concepção que tem do árbitro de futebol:

a) o jogador?

RM.Jogador?? Já mudou muito esta mentalidade, mas de uma forma, não vou dizer geral, mas uma boa maioria ainda encara o árbitro como quase um inimigo, quer dizer, uma pessoa que vai entrar em campo, com o objetivo de lhe causar problemas. Que a função do árbitro é prejudicar o seu trabalho; quando, na verdade, o árbitro é um profissional, se bem que não tem uma atividade profissional regulamentada, e que está apenas exercendo a função de aplicar a lei do jogo. Se os jogadores entendessem a função do árbitro dessa maneira, muito melhores seriam as relações do árbitro e jogadores no âmbito do jogo.

b) o dirigente?

RM: Ele é muito mais passional do que o jogador. O jogador é muito mais profissional. Antes, durante e após os jogos a reação do dirigente é contrária ao árbitro, ele é de uma forma geral muito mais enérgico do que o jogador. O jogador encara a questão de uma forma pouco mais profissional. O dirigente não, ele é totalmente amador, forma que geralmente dirige o clube e se conduz pessoalmente em relação ao clube, então a relação dele com o árbitro é muito mais de torcedor do que de dirigente, essa que é a realidade.

c) a imprensa desportiva?

RM.A imprensa desportiva trata a arbitragem de uma forma muito mais profissional, eu posso dizer isso com tranqüilidade, pois conheço os dois lados, e bem, da moeda. Evidente que existem também dentro da imprensa aquelas pessoas que cuidam da questão de arbitragem de uma forma que não conseguem dissociar o fato de serem radialistas ou jornalistas com o fato de serem torcedores. São poucos, mas existem. De uma forma geral eles são muito mais profissionais. O que acontece no Brasil, é o regionalismo: então, se você olhar a análise da atuação de um árbitro que teve atuação polêmica num jogo entre uma equipe paulista e carioca, os jornais de Rio e São Paulo, no dia seguinte, farão análise completamente diferente. Os jornais de São Paulo, certamente, vão ressaltar eventuais erros do árbitro prejudicando o time paulista, ignorando os erros criticados no Rio, e vice-versa. Isso vale para os jogos de mineiro com gaúcho, gaúcho com paranaense, carioca com gaúcho, pernambucano com paulista. O Brasil é muito grande e, evidentemente, o interesse regional é muito grande e se nota com muita clareza nessas situações.

d) o torcedor?

RM.No torcedor, evidentemente, a passionalidade é total, não dá nem para fazer qualquer tipo de diagnóstico que fuja desta questão do sentimento e da paixão, porque ele só enxerga a camiseta do seu clube. Prá ele só o que serve, só o que presta, só o que interessa a si próprio é o interesse do seu clube.

e) o colega árbitro?

RM.Existe uma disputa muito grande dentro da arbitragem. O Armando Marques sempre dizia que o maior inimigo do árbitro é o próprio árbitro. Eu não chegaria a tanto, a situação hoje está muito mudada, mas de qualquer maneira o espaço é pequeno, poucas pessoas atingem o auge da carreira, e o número de árbitros na base é muito grande. Então, evidentemente, a disputa é feroz por esses espaços.

P. O árbitro brasileiro, no momento, está à altura do futebol praticado no Brasil? Por quê?

RM.Eu acho que sim. Há uma reformulação natural, até porque a redução de inatividade foi brusca, de 50 para 45 anos, feita há quatro anos atrás, mas em quatro anos você não forma um árbitro, o que leva oito, nove a dez anos. Normalmente, muitos árbitros pararam de apitar de uma hora para outra e naturalmente se criou um fosso, o chamado

No Brasil, a atividade de árbitro de futebol é considerada amadora. Desde 1990 houve diversas iniciativas legislativas para a regulamentação da profissão de árbitro de futebol. Em 1990, o então Deputado Federal *Nelson Jobim* apresentou o PL n. 5.578/1990, que recebeu apenso em 1993 (PL n. 4.252/1993), do Deputado *José Tomaz Nonô*. Esses projetos, entretanto, acabaram arquivados. Em 2000, os referidos projetos foram desarquivados, mas não tiveram andamento. Em 2001, foi apresentado, no Senado Federal, pela CPI do FUTEBOL, o PLS[7] n. 294/2001, que posteriormente tomou o número PL n. 6.405/2002 na Câmara dos Deputados, o qual, juntamente com o PL[8] n. 6.212/2005, apresentado pelo de-

---

buraco negro, até que viesse uma nova leva de árbitros para substituir aqueles que tiveram que parar pelo limite de idade. Esses árbitros novos estão surgindo em boa quantidade e qualidade evidentemente eles ainda não têm junto à imprensa, aos dirigentes e ao torcedor a imagem e o seu nome gravado, como os grandes árbitros passados como: Roque Gallas, Romualdo Arpi Filho, Armando Marques e outros.Há árbitros que pararam de apitar, mas ficaram conhecidos durante muito tempo e criaram uma imagem pública. Hoje não, a rotação é muito grande na arbitragem. Os árbitros entram e saem e não conseguem firmar ainda uma imagem, o que leva tempo. Isso não quer dizer que eles não têm qualidade, é uma questão apenas de tempo.

(7) Projeto de Lei do Senado n. 294, de 2001 — Da CPI do Futebol — <www6.senado.gov.br>.

Regulamenta a profissão de árbitro de futebol e dá outras providências.

O Congresso Nacional decreta:

Art. 1º A profissão de árbitro de futebol é reconhecida e regulada por esta lei, sem prejuízo das disposições não colidentes contidas na legislação vigente.

Art. 2º O árbitro de futebol exercerá atribuições relacionadas às atividades esportivas disciplinadas pela Lei n. 9.615, de 1998, destacando-se aquelas inerentes ao árbitro de partidas de futebol e as de seus auxiliares.

Art. 3º A habilitação e os requisitos necessários para o exercício da profissão de árbitro de futebol serão definidas em regulamento próprio.

Art. 4º É facultado aos árbitros de futebol organizar-se em associações profissionais e sindicatos.

Art. 5º É facultado aos árbitros de futebol prestar serviços às entidades de administração, às ligas e às entidades de prática da modalidade desportiva futebol.

Art. 6º Esta lei entra em vigor na data de sua publicação.

(8) Projeto de Lei n. 6.212, de 2005 (Do Deputado Fernando de Sabino) <www.camara.gov.br>.

Dispõe sobre o exercício da profissão de Árbitro de Futebol.

O Congresso Nacional decreta:

Art. 1º O exercício da profissão de Árbitro de Futebol será regulado pela presente lei.

Art. 2º Árbitro de Futebol é a pessoa física que, sem relação de emprego, dirige partidas de futebol, aplicando as regras prescritas pela

Federação Internacional de Futebol — Fifa.

Art. 3º São requisitos para o exercício da profissão de Árbitro de Futebol:

I — idade mínima de 18 anos;

II — escolaridade correspondente ao segundo grau;

III — conclusão de curso de formação de árbitro de futebol, reconhecido por qualquer federação estadual de futebol;

putado *Fernando de Sabino*, com breve justificativa[9], trata do reconhecimento legal da profissão e encontra-se em tramitação no Congresso Nacional, com parecer emitido na Comissão de Constituição e Justiça e de Cidadania da Câmara dos Deputados em 26 de abril de 2007, por intermédio do respectivo Relator, Deputado *Geraldo Pudim*, analisando inclusive Emenda apresentada pelo Relator da Comissão de Educação, Cultura e Desporto da Câmara. O Relator manifestou-se favorável à aprovação do PL n. 6.405/02[10], cujo parecer foi aprovado, por maioria, em sessão de 8 de abril de 2008 daquela Comissão e prossegue em sua tramitação legislativa. O PL n. 6.212/2005 foi desapensado e arquivado.

IV — atestado de saúde física e mental passado por médico credenciado junto a qualquer federação estadual de futebol.

Art. 4º. São atribuições do Árbitro de Futebol:

I — dirigir partidas de futebol, segundo as regras prescritas pela Federação Internacional de Futebol Fifa, anotando em relatório as ocorrências que entender convenientes;

II — aplicar penalidades, sendo sua decisão, em matéria de fato, irrecorrível;

IV — exercer funções de auxiliar ou de árbitro reserva, quando designado.

Art. 5º O mesmo Árbitro não poderá dirigir mais que duas partidas por semana.

Art. 6º A remuneração do Árbitro de Futebol será livremente estipulada entre as partes.

Art. 7º Esta lei entra em vigor na data de sua publicação.

(9) "Como se sabe, o futebol profissional, em todo o mundo, há muito deixou de ser um simples esporte. Vem se constituindo em uma atividade econômica das mais dinâmicas, geradora de milhões de empregos diretos e indiretos, que movimenta cifras imensuráveis. Tal fato tem atraído para o âmbito do futebol profissional, ao lado dos bons e honestos profissionais, toda a sorte de aventureiros e intermediários sem qualquer compromisso além de seu fácil e ilícito enriquecimento. Em nosso País, como a mídia tem noticiado insistentemente, essas práticas desonestas são favorecidas em face de um verdadeiro paradoxo existente na legislação desportiva: o futebol profissional é dirigido por árbitros amadores. Vale dizer, a prática futebolística é exaustivamente regulada em leis, decretos, portarias etc. Já a atividade do árbitro, figura de fundamental importância nesse mundo de profissionais, até a presente data, é desenvolvida de forma amadorística, sem nenhum disciplinamento legal que estabeleça pelo menos critérios objetivos para a seleção desses profissionais. Com o presente projeto, pretendemos sanar essa falha de nossa legislação desportiva."

(10) "II — Voto do relator (<www.camara.gov.br>)

Quanto à iniciativa, está alicerçado nos arts. 22, inciso I, e 48, da Carta Magna, que, respectivamente, estabelecem a competência e o rol de atribuições do Congresso Nacional para legislar sobre a matéria. Sob o prisma da constitucionalidade, gostaríamos de ressaltar que, embora possa parecer uma infração ao Inciso XIII do art. 5º da Constituição Federal, que prega o "livre exercício de qualquer trabalho, ofício ou profissão, atendidas as qualificações profissionais que a lei estabelecer", desde 1993 vige a Lei n. 9.615, ou Lei Pelé, que dispõe sobre o desporto e estabelece, em seu art. 88, que "os árbitros e auxiliares de arbitragem poderão constituir entidades nacionais e estaduais, por modalidade desportiva ou grupo de modalidades, objetivando o recrutamento, a formação e a prestação de serviços às entidades de administração do desporto". Em seu parágrafo único está disposto que: "independentemente da constituição de sociedade ou entidades, os árbitros e seus auxiliares não terão qualquer vínculo empregatício com as entidades desportivas diretivas onde atuarem, e sua remuneração como autônomos exonera tais entidades de quaisquer outras responsabilidades trabalhistas, securitárias e previdenciárias". Se a citada Lei ampara do ponto de vista sindical e regula as relações

Seria muito importante o reconhecimento legal da profissão de árbitro de futebol, principalmente por se tratar de medida que possibilitará àqueles profissionais a dedicação exclusiva e o conseqüente aperfeiçoamento técnico, físico e psicológico.

Importante consignar que, mesmo que a atividade ainda seja considerada amadora no Brasil, os árbitros brasileiros sempre se destacaram no âmbito mundial, sendo classificados entre os melhores árbitros do Mundo. Nessa condição, desde 1930, atuaram e atuam em Copas do Mundo: em 1930, o árbitro brasileiro *Gilberto de Almeida Rêgo* atuou na Copa disputada no Uruguai; em 1934, *Carlito Rocha* atuou na Copa da Itália; em 1950, no Brasil, atuaram *Mário Vianna*, *Mário Gardelli* e *Alberto Gama Malcher*; em 1954, *Mário Vianna*, na Copa da Suíça; em 1962, no Chile, *João Etzel Filho*; em 1966, *Armando Marques*, na Inglaterra; em 1970, *Ayrton Vieira de Morais*, no México; em 1974, na Alemanha Ocidental, *Armando Marques*; em 1978 (Argentina) e 1982 (Espanha) *Arnaldo Cézar Coelho*; em 1986 (México) *Romualdo Arppi Filho*; em 1990, Itália, *José Roberto Wrigt*; em 1994, nos EUA, *Renato Marsiglia* e *Paulo Jorge Alves*; em 1998, França, *Márcio Rezende de Freitas* e *Arnaldo Pinto*; em 2002 — Japão/Coréia do Sul, *Carlos Eugênio Simon* e *Jorge Paulo de Oliveira Gomes*; e em 2006, na Alemanha, *Carlos Eugênio Simon*, *Aristeu Leonardo Tavares* e *Ednilson Corona*. Aliás, em 1982 e 1986, quando a seleção brasileira não chegou às finais, árbitros brasileiros apitaram a decisão

---

trabalhistas desses profissionais com as associações e entidades desportivas, nada mais justo que se reconheça e regulamente a profissão de árbitro de futebol. No que tange à Emenda oferecida pelo Relator na Comissão de Educação, Cultura e Desporto — CECD, consideramos a sugestão de que a profissão de árbitro poderá ser formalizada através de cursos superiores seqüenciais, de acordo com normas regulamentares emanadas do Conselho Nacional de Esporte, um tanto restritiva e por esse motivo entra em conflito com o princípio do livre exercício. O PL responde aos requisitos da Lei Complementar n. 95, de 26 de fevereiro de 1998, que traça a disciplina para a elaboração de normas, quanto à precisão e clareza na elaboração das Leis. Em observância ao disposto no inc. I, alínea *a* do art. 151 e 143 do Regimento Interno desta Casa, na hipótese de tramitação em conjunto, terá precedência a proposição oriunda do Senado sobre as da Câmara. Já o apensado , o Projeto de Lei n. 6.212, de 2005, restringe o livre exercício da profissão ao estabelecer requisitos como idade mínima, nível de escolaridade e formação por escola de árbitros, ferindo assim o art. 5º da Constituição Federal. Além do aspecto técnico vale salientar que, já há algum tempo, o futebol deixou de ser mera atividade esportiva, para dar lugar a uma atividade econômica altamente lucrativa , fonte de milhares de empregos diretos e indiretos. E, como em toda atividade lucrativa podemos identificar os bons profissionais, como também os oportunistas. Portanto o Projeto em tela vem criar uma rede de proteção ao exercício da atividade de árbitro de Futebol, assim como a profissionalização e a transparência das atividades do setor Em virtude das considerações apresentadas, votamos pela constitucionalidade, juridicidade e técnica legislativa do PL n. 6.405/02, e pela inconstitucionalidade da emenda oferecida pela Comissão de Educação, Cultura e Desporto, e do PL n. 6.212, de 2002. O meu voto é pela aprovação do PL n. 6.405/02 e pela rejeição da Emenda oferecida na CECD e do PL n. 6.212, de 2002."

da Copa[11]. O árbitro brasileiro que mais atuou em Copas do Mundo é *Carlos Eugênio Simon*, com cinco jogos, seguido de *José Roberto Wrigt* com quatro jogos.

Importante observar que, dos árbitros brasileiros, apenas os do quadro da FIFA conseguem viver exclusivamente da arbitragem, já que atuam de forma mais freqüente, não só no país de origem, mas em jogos internacionais e em qualquer parte do mundo.

Ricardo Teixeira, presidente da CBF e atual Vice-Presidente do Comitê de Árbitros da FIFA, já em 1999, em entrevista à Revista PLAYBOY[12], perguntado a respeito da profissionalização dos árbitros, esclarecia:

> "Essa é a solução, o meu sonho. Árbitro deveria ser profissional e viver exclusivamente disso, como os jogadores, os técnicos e os preparadores físicos...
>
> Faço parte do Comitê de arbitragens da FIFA, onde luto por isso há muitos anos. Ainda espero conseguir. O problema é que qualquer mudança nesse sentido depende da International Board, um organismo dominado pelos britânicos, que continuam contrários à profissionalização. Teremos que dobrá-los."

Oportuno abrir um parêntese, para ressaltar a importância de dois grandes esteios do futebol brasileiro e mundial e que também tiveram grande influência em relação ao aperfeiçoamento da arbitragem: *Ricardo Teixeira* e *João Havelange*. O primeiro profissionalizou a CBF e a transformou em entidade organizada e superavitária. O segundo, um dos maiores dirigentes desportivos do século XX, alçou a FIFA à condição de organismo internacional tão ou mais importante que a ONU. Ambos, apesar da competência e dos serviços prestados, são sistematicamente perseguidos por setores da imprensa e da política que se dizem arautos da moral, da competência e da verdade, e que, por vezes, externam críticas meramente destrutivas, como se isso contribuísse para o aperfeiçoamento do futebol e da sociedade. *Havelange*, por exemplo, sofreu duras críticas quando decidiu incluir "Pelé" na seleção de 1958. É preciso valorizar mais as coisas positivas que *Teixeira* e *Havelange* já fizeram, e ainda farão, pelo futebol e pela própria arbitragem!

Os integrantes da CA-CBF e de várias Comissões Estaduais defendem a profissionalização dos árbitros, o que é corroborado por diversos jornalistas da área desportiva, como o professor *Ruy Carlos Ostermann*, da RBSTV e da Rádio Gaúcha de Porto Alegre-RS, que declarou, no Jornal

(11) *Vide* livro *Brasil de todas as copas.*

(12) Edição brasileira de dezembro de 1999.

MARCA DA CAL, publicação mensal do Sindicato dos Árbitros de Futebol do Estado do Rio Grande do Sul-SAFERGS(que pode ser visitado em www.safergs.com.br) edição de setembro 2007, que *"Os erros, não os das câmeras de tevê, mas os banais, são próprios de profissionais despreparados. A profissionalização da arbitragem no Brasil pede urgência."*

Renato Marsiglia, entrevistado pelo autor em março de 1995, dizia-se favorável à profissionalização do árbitro de futebol, bem como à melhoria da estrutura e das condições de formação, preparação e reciclagem dos quadros nacionais.(13)

A propósito, *Marsiglia*, único árbitro brasileiro a atuar na Copa de 1994, publicou o livro *Por Dentro da Copa*, ainda naquele ano, no qual defende a profissionalização do árbitro de futebol e analisa a situação dos árbitros, que não dispõem de uma estrutura e organização adequada à evolução do próprio esporte e de seus praticantes. Diz textualmente:

> "Existem algumas questões a serem colocadas, quanto à profissionalização do árbitro. Primeiro, a profissão não é regulamentada. Apesar de ser uma atividade profissional remunerada, as próprias

---

(13) "Eu sou francamente a favor, tenho me manifestado publicamente, escrevi a respeito disso no meu livro, eu acho que o crescimento da arbitragem não só no Brasil, no mundo todo passa obrigatoriamente pela profissionalização do árbitro. O árbitro não pode ficar dependendo de ganhar se apita, não ganha se não apita, ele tem de fazer uma preparação física, ele tem que ter respaldo psicológico, ele tem que ter nutricionista para cuidar da sua alimentação, enfim, não tem no Brasil, e acho que em poucos países do mundo, uma estrutura para que ele possa atender àquelas exigências que se faz de um árbitro de futebol.

A função do árbitro é muito importante para ser tratado de uma forma extremamente amadorística e irresponsável como é tratada no Brasil e na maior parte dos países do mundo. Veja bem, a diferença numa Copa do Mundo. A FIFA exige uma forma extrema dos árbitros, mas ela oferece toda infra-estrutura possível e imaginária, incluindo a parte financeira, para que os árbitros rendam o máximo. Porque numa competição de altíssimo nível, de altíssima qualidade, os erros têm que ser mínimos e, se possível, apenas erros que não causem prejuízo maior no resultado do jogo, da competição. No Brasil a estrutura é zero. Cada um se vira por si. Depende da maior ou menor responsabilidade profissional de cada árbitro, ao contrário do que acontece em alguns países da Europa.

Na Itália, por exemplo, existe uma preocupação constante com o aperfeiçoamento. Eles reúnem os árbitros para fazerem curso de padronização de arbitragem, preparação física antes da temporada, estabelecer, por exemplo, quais são os preceitos que vão vigorar durante toda temporada, para que haja uma uniformidade de arbitragem. Se exige uma preparação, mas os árbitros durante essa temporada vão receber uma quantia considerável, parece em torno de cem mil dólares anuais para apitar quatro jogos por mês. Esse valor não podemos trazer evidentemente para dentro do Brasil, temos que colocar na realidade italiana. Mas, de qualquer maneira, o árbitro italiano de ponta é cobrado, tem que se apresentar para provas físicas mensais, tem que apresentar resultados extremamente positivos, inclusive no campo de jogo. Nós temos casos aqui, no Brasil, em que o árbitro apita cinco jogos em dez dias e atravessa todo o país. Além disso, tem que cuidar das suas atividades pessoais, porque ele não pode viver da arbitragem, já que se exige que ele tenha uma atividade profissional. Não há organismo que aguente e não há cabeça que consiga sustentar uma pressão psicológica que existe no futebol brasileiro.

federações exigem que o árbitro comprove que tem um rendimento fora do futebol. Por uma série de questões materiais e pelo vínculo empregatício, ninguém quer assumir o árbitro de futebol no Brasil, ele está entregue à própria sorte. Tem de treinar por conta própria, comprar seu fardamento; enfim, deve manter a si próprio na arbitragem...

Creio que o crescimento da arbitragem no Brasil passa, necessariamente, pela regulamentação da profissão. É fundamental que o árbitro tenha respaldo na legislação trabalhista. A maneira como isso seria feito, se por federação ou por clube, não importa, é uma questão a ser discutida. Se eu ficar doente, pegar uma hepatite B e ficar seis meses na cama, vou ficar seis meses sem receber. E esse foi um dos motivos por que eu troquei a arbitragem, depois de chegar no ponto mais alto da minha carreira, pela Rede Brasil Sul de Comunicações(RBS)... Lembro de uma frase que ouvi do 'Cacique' (Franco Conte, árbitro Internacional de basquete), quando eu era árbitro de basquete e ele estava abandonando a carreira: 'Faz tua sagrada penitência, fecha-te num silêncio superior, mas não mostra a tua decadência ao mundo que assistiu a teu esplendor'...

O futebol chegou a um nível de profissionalismo tal, que o árbitro não pode ser um amador no meio de profissionais". Essa declaração foi publicada no editorial da FIFA no Jornal FIFA NEWS. Hoje o árbitro é um desportista, um amador no meio de profissionais extremamente bem pagos. Para que possa ser exigido, tem de ser um profissional, e bem pago. Você não pode exigir, se não dá condições de trabalho, essa é a realidade. No Brasil as condições de trabalho, para o árbitro, são mínimas, e as exigências são máximas. A FIFA, por outro lado, exige, mas tem esse direito, porque nos proporciona todas as condições para exercermos nossa atividade..."

O árbitro gaúcho *Carlos Eugênio Simon*, dos quadros da CBF e da FIFA, que atuou nas duas últimas Copas do Mundo, sendo o árbitro brasileiro que mais jogos apitou em Copa do Mundo, e que é uma referência da categoria em nível nacional e internacional, em manifestação exclusiva para este trabalho, sobre a questão da profissionalização e da preparação dos árbitros, classificou de justa e oportuna a aspiração da categoria:

"É com satisfação que acompanho e participo das discussões envolvendo a possibilidade de profissionalização da arbitragem de futebol. Esta é uma antiga e justa aspiração da categoria. Pessoalmente, quando comecei a apitar lá pelos idos de 1984, pensei estar começando em uma nova profissão. Estava enganado. Iniciante na carreira, logo percebi que naquele momento não poderia viver, susten-

tando a mim e minha família, apenas atuando como árbitro. Com o passar do tempo fui tomando conhecimento de todos os aspectos que envolvem a arbitragem. Não entendia — como ainda não entendo — como era possível fosse encarada como "bico" a função de um dos personagens mais importantes do espetáculo futebolístico, o responsável por tomar decisões cruciais em frações de segundos. Na minha opinião, jamais poderia ser encarado como um biscateiro ou um trabalhador eventual, para usar uma expressão mais elegante, o sujeito que tem sobre os ombros a responsabilidade de mediar duelos esportivos que envolvem a paixão de milhares de pessoas e recursos financeiros milionários.

Além de um desprestígio para o trabalhador, entendo que esta situação igualmente prejudica o esporte, na medida em que não permite que o profissional se dedique integralmente à arbitragem, inibindo o seu aprimoramento físico e técnico. No entanto, nos mais de 20 anos em que estou no ramo, pouca coisa mudou. Porém, atualmente é possível perceber no horizonte sinais concretos de mudanças positivas. Já não era sem tempo. As exigências aumentaram muito desde a minha estréia nos gramados. Por exemplo: hoje o árbitro passou a correr 13 quilômetros, em média, por partida — quase o triplo dos cinco de antigamente. A tecnologia também contribuiu para que se exija mais eficiência do apitador, ao aumentar de duas para 20 as câmeras que acompanham os lances de um jogo.

Assim, é salutar que esteja tramitando no Congresso Nacional uma lei que visa a regulamentar a profissão de árbitro no Brasil. Da mesma forma, é auspicioso o interesse que a FIFA manifestou pelo assunto. Recentemente a entidade maior do futebol mundial divulgou a intenção de implementar um programa que tem como objetivo promover a tão desejada profissionalização da arbitragem. Com o nome de RAP(Referees Assistence Program), a iniciativa está orçada em quarenta milhões de dólares.

Já passou da hora de encarar de frente esta questão. O futebol moderno não permite mais a existência de uma dicotomia tão anacrônica como a que coloca de um lado um jogador que tem por trás de si todo um aparato com o que há de mais moderno na técnica e medicina esportivas(médicos das mais diversas especialidades, fisioterapeutas e professores, entre outros), e de outro, o árbitro treinando solitário ou com ajuda de um professor da sua entidade de classe.

Cabe ressaltar que o árbitro não deve evoluir apenas na parte física, mas, concomitantemente, no aspecto técnico e psicológico, como auxílio de profissionais qualificados e o uso de modernos recursos tecnológicos para análise de jogo, não apenas os seus, mas de outros companheiros, no país e no exterior. Tudo isso exige dedicação integral e estabilidade financeira — ou seja, uma boa remuneração mensal. Assim, com certeza, a arbitragem brasileira vai evoluir muito mais e os acertos serão bem maiores. Os erros vão continuar existindo, já que a falibilidade faz parte da natureza humana. Mas, sem dúvida, ocorrerão em menor escala."

É importante registrar que a CBF, cujo quadro tem cerca de quatrocentos árbitros, por meio da CA-CBF, está implementando medidas para melhorar a formação, o aperfeiçoamento e a preparação dos árbitros brasileiros. Dentre elas, podemos citar o Programa de Certificação de Árbitros de Futebol e a criação do Quadro de Observadores de Arbitragem; a divulgação de Manuais de Orientação como o Manual de Redação de Súmulas; Manual do Observador de Arbitragem e livros atualizados de regras e respectiva interpretação. Além disso, foi criada uma Comissão, presidida pelo árbitro *Carlos Eugênio Simon* e integrada por outros árbitros do quadro nacional como *Evandro Rogério Roman* e por ex-árbitros como *Carlos Elias Pimentel*, para estudar e sugerir medidas a serem implementadas nas relações entre a CBF e os árbitros do Quadro Nacional. Tais medidas são necessárias para a elevação do nível das arbitragens nos campeonatos brasileiros, o que se conseguirá com o aperfeiçoamento físico, técnico e psicológico dos árbitros brasileiros.

A questão da preparação dos árbitros, sua imparcialidade e as condições em que exercem sua atividade, diante de pressões que recebem, tem servido de "paradigma" para diversas situações que sequer envolvem o futebol. O Ministro do Supremo Tribunal Federal, *Eros Grau*, em entrevista ao Jornal ABC de Domingo, de Novo Hamburgo-RS (edição de 21.10.07), perguntado sobre episódios recentes e polêmicos que envolveram o plenário daquela Corte, especificamente se o *"Supremo pode votar com a faca no pescoço"*, respondeu: *"Eu acho que se alguém do Supremo votar com a faca no pescoço, teria que ir embora. Imagine que se houve um grenal e na Segunda-feira o árbitro disser que ele fez a arbitragem com a faca no pescoço. Ele volta a apitar outra partida? Alguma vez mais ele vai ser árbitro? Nunca mais."*

Na esfera legislativa brasileira, a Lei Zico continha norma sobre a constituição de associações, recrutamento e formação de árbitros. Atualmente, a Lei Pelé, que repetiu tal dispositivo, trata da questão no seu art. 88.(14)

---

(14) *Art. 88 — Os árbitros e auxiliares de arbitragem poderão constituir entidades nacionais e estaduais, por modalidade desportiva ou grupo de modalidades, objetivando o recrutamento, a formação e a prestação de serviços às entidades de administração do desporto.*

Parágrafo Único — Independentemente da constituição de sociedades ou entidades, os árbitros e seus auxiliares não terão qualquer vínculo empregatício com as entidades desportivas diretivas onde atuarem, e sua remuneração como autônomos exonera tais entidades de quaisquer outras responsabilidades trabalhistas, securitárias e previdenciárias.

O projeto e os substitutivos que instituem O Estatuto do Esporte (PL n. 4.874/2001) em tramitação no Congresso Nacional(Câmara dos Deputados), além de repetir o teor do artigo referido, também discutem outros artigos[15] que tratam dos Árbitros e Auxiliares de Arbitragem, classificados como entes esportivos indiretos, atribuindo-lhes competência privativa para a mediação de competições esportivas, bem como, estabelecem a competência das entidades nacionais do esporte para definir condições para o exercício da função.

Antes da edição da Lei Zico e da Lei Pelé, os Tribunais Brasileiros, especialmente no âmbito trabalhista, enfrentaram dezenas de demandas envolvendo árbitros de futebol e as respectivas Federações Estaduais. As questões sempre se mostraram controvertidas, sendo que algumas decisões reconheceram o vínculo empregatício, com as condenações decorrentes, e outras afastavam tal vínculo. É claro que cada caso era analisado com base na relação existente e nas provas produzidas a respeito. Uma vez editada a legislação acima referida, a jurisprudência está praticamente pacificada no sentido de não reconhecer vínculo empregatício entre os árbitros de futebol e as entidades dirigentes do desporto.

Importante observar que, em conseqüência de condenações judiciais trabalhistas, diversas Federações Estaduais de Futebol se tornaram praticamente insolventes, o que motivou a inclusão do tema na legislação desportiva nacional. Além disso, as relações e as questões relacionadas aos árbitros foram transferidas, em grande parte, para os respectivos Sindicatos e Associações da categoria.

O TST tem enfrentado a questão, respaldando, de regra, as decisões dos Tribunais Regionais do Trabalho,que vêm afastando o reconhecimento do vínculo empregatício. No recurso de revista n. 572932/1999.3

---

(15) 9. Dos Árbitros e Auxiliares de Arbitragem

Art. 118. É competência privativa dos árbitros a mediação, remunerada ou não, de competições esportivas oficiais e amistosas, de que participem atletas profissionais ou não profissionais, com aplicação das regras e normas estabelecidas internacionalmente e aceitas pela entidade dirigente nacional de cada modalidade esportiva.

Art. 119. É competência das entidades nacionais de administração do esporte estabelecer as condições para o exercício da função de árbitro, regulamentar e organizar o registro funcional, cuidar da formação técnico-esportiva e fiscalizar o exercício da função.

Art. 120. Os árbitros e auxiliares de arbitragem poderão constituir entidades de representação profissional, nacionais e estaduais, por modalidade esportiva ou grupo de modalidades, objetivando a defesa dos interesses da categoria, a imparcialidade na condução das competições esportivas, os critérios de remuneração e as condições em que prestarão seus serviços às entidades de administração do esporte.

Parágrafo único. Os árbitros e seus auxiliares não têm qualquer vínculo empregatício com as entidades do esporte onde atuam e sua remuneração como autônomos exime tais entidades de quaisquer outras responsabilidades trabalhistas, securitárias e previdenciárias.

e que foi relator o Ministro *Carlos Alberto Reis de Paula*, publicado no DJ de 19 de outubro de 2001, a Terceira Turma decidiu, por unanimidade, conhecer do recurso de revista, quanto ao vínculo empregatício, por divergência jurisprudencial e, no mérito, dar-lhe provimento para julgar improcedente a Reclamação Trabalhista, absolvendo a Recorrente da condenação que lhe foi imposta. A fundamentação do acórdão esclarece que a atividade do árbitro é executada de forma autônoma e sem subordinação com a respectiva Federação Estadual[(16)].

No AIRR 2437/2002-006-02-40.0-Relatora *Maria do Perpétuo W. da Costa*, com publicação no DJ — 4.8.06, a 1ª Turma do TST decidiu a respeito, entendendo que não havia vínculo de emprego com a Federação:

> "Ementa: Agravo de instrumento. Recurso de revista. Nulidade por negativa de prestação jurisdicional. Havendo pronunciamento expresso sobre todas as questões relevantes suscitadas pela parte, não há falar em negativa de prestação jurisdicional. Vínculo de emprego. Árbitro de futebol. A decisão está consubstanciada nos elementos fáticos, consistentes na possibilidade de o árbitro requerer, de forma antecipada, dispensa do trabalho por ques-

---

(16) *"Em geral, como na empreitada e na prestação livre de serviços, os bens e instrumentos de trabalho pertencem ao prestador, como a ele cabem os resultados, e é ele que corre o risco. No trabalho por conta própria, que é autônomo, a regra é absoluta. O trabalho autônomo se desdobra sobre os seguintes fundamentos: 1º — a liberdade de organização e de execução do próprio trabalho; 2º — liberdade de disposição do resultado do próprio trabalho, sobre a livre base do contrato de troca, e 3º — autonomia do prestador de obra no duplo sentido: liberdade do vínculo de subordinação técnica, já que a prestação de trabalho é fruto de uma manifestação da capacidade profissional ou artística individual e econômica, considerando que o prestador assume o risco do próprio trabalho, sofrendo-lhe eventualmente as perdas. O único meio de se obter uma razoável separação entre mandatário-autônomo e mandatário-subordinado é aferir a proporção da intervenção do poder jurídico do mandante na atividade do mandatário.* In casu, *observa-se que o trabalho do árbitro é executado sem* subordinação à Reclamada. A circunstância de ser a Federação a promotora e coordenadora de competições esportivas não a transforma em empregadora do árbitro escalado para aquelas competições, como não a transforma em empregadora dos atletas que dela participam. O fato de estar o árbitro sujeito às ordens, instruções e fiscalização da Federação e de ser por ela escalado para os jogos não indica a sua subordinação jurídica, como pretende o Reclamante. Pelo contrário, em razão da própria natureza do serviço prestado, o Reclamante desfruta de total autonomia no seu trabalho, não havendo por parte da Federação qualquer direção, comando, controle e ou aplicação de penas disciplinares, a ela interessando tão-somente o resultado. Dentro do campo, único local onde o Reclamante exerce sua atividade e somente no espaço de tempo de realização do jogo, é ele a autoridade máxima, quem comanda a partida de futebol, sem receber, muito menos aceitar, ordens ou interferência no seu trabalho, realizando-o com a mais absoluta autonomia. A única subordinação a que está sujeito o demandante é às normas que regem um jogo de futebol, e nada mais. Finalmente, como revelado pela decisão recorrida, a remuneração do árbitro provém das rendas dos jogos, não da participação da Federação na receita que lhe é destinada. Por tais fundamentos, entendo como autônoma a atividade do Reclamante-recorrido, razão pela qual dou provimento ao Recurso de Revista, para julgar improcedente a Reclamação Trabalhista, absolvendo a ora Recorrente da condenação que lhe foi imposta."

tões particulares e na realização do pagamento após cada partida, pelos quais concluiu pela inexistência de subordinação jurídica e de vínculo de emprego entre o reclamante, árbitro de futebol, e a federação esportiva, com base no art. 3º da CLT e referência secundária ao disposto no art. 88 da Lei n. 9.615/88, não estando configurada ofensa às normas legais indicadas pelo agravante.Agravo de instrumento a que se nega provimento."

Na fundamentação do acórdão, o Tribunal analisa a questão, inclusive à luz do art. 88 da Lei Pelé, também reconhecendo a natureza autônoma da prestação de serviços e a ausência de subordinação na relação de trabalho existente entre as partes, concluindo por negar provimento ao Agravo de Instrumento(17).

---

(17) Fundamentação do acórdão:

No que concerne à aplicação temporal da Lei n. 9.615/98, consta do acórdão regional que não se considerou a aplicação da Lei n. 9.615/98 desde o início da prestação dos serviços, como pretende fazer crer o autor (fl. 105). Ainda que de forma sucinta houve o pronunciamento sobre a aplicação temporal dessa lei, depreendendo-se o entendimento de sua aplicação imediata, o que afasta a possibilidade de vício na prestação jurisdicional. Quanto ao Regulamento de Árbitros, o qual, segundo o reclamante, contém várias atribuições que permitem evidenciar a existência de completa subordinação, o Tribunal Regional, no julgamento dos embargos de declaração, consignou que resta sempre um viés de ingerência na contratação de serviços, ainda que nitidamente autônomo. As interferências da reclamada não implicaram na descaracterização da autonomia (fl. 105). Por este argumento também não se verifica negativa de prestação jurisdicional, o que torna incólumes os arts. 458, II, do CPC e 93, IX, da Constituição Federal. Esclarece-se que eventual ofensa ao art. 535 do CPC não constitui fundamento para o pedido de nulidade por negativa de prestação jurisdicional (Orientação Jurisprudencial n. 115 da SBDI-1 desta Corte). 2.3 Sustentou, o reclamante, ser inaplicável à hipótese a Lei n. 9.615/98, visto que sua contratação é anterior à sua vigência. Ressaltou que o art. 7º, I, da Constituição Federal destina as matérias relacionadas à relação de emprego à lei complementar, hierarquia não ostentada pela Lei n. 9.615/98. Acrescentou que, nos termos do Regulamento de Árbitros, estava sujeito ao departamento de árbitros da reclamada, a quem competia propor a aplicação de penalidade e baixar instruções aos árbitros e que sua conduta técnica e disciplinar era fiscalizada por um assessor técnico, sujeitando-se às penas de repreensão por escrito, afastamento temporário e desligamento. Indicou ofensa aos arts. 5º, XXXVI, 7º, I, da Constituição Federal, 3º e 829 da CLT e 515 do CPC. O Tribunal Regional registrou o disposto no art. 88, parágrafo único, da Lei n. 9.615/98 como óbice à pretensão do reclamante e relatou, com base na prova testemunhal, os seguintes fatos como norteadores do convencimento de que inexiste relação de emprego: a média de jogos arbitrados por cada juiz era de quatro mensais; (fl. 96); poderiam tomar ciência da escala de arbitragem por telefone ou pessoalmente, podendo, ainda retirar o relatório para partida também pessoalmente ou mesmo através de outro membro da equipe de arbitragem; havia possibilidade de o árbitro requerer de forma antecipada sua dispensa do trabalho, por questões particulares; o pagamento do trabalho era efetuado após cada uma das partidas, no próprio campo de futebol. A responsabilidade por esses pagamentos não era da reclamada conforme se observa dos documentos de fls. 250, 256/263; (fl. 96), concluindo pela inexistência de subordinação jurídica. Do acórdão recorrido verifica-se que o Tribunal Regional, após delinear os vários aspectos fáticos que envolvem a questão, concluiu pela inexistência de vínculo de emprego e citou a Lei n. 9.615/98 como óbice à pretensão do reclamante. Ficou evidente, portanto, que a decisão recorrida está fundamentada nos elementos de fato e prova e, como reforço, na Lei n. 9.615/98, ou seja, em dois fundamentos distintos e autônomos considerados,cada

Os Tribunais Regionais do Trabalho também vêm enfrentando o tema. O TRT da 4ª Região (RGS), por sua 6ª Turma, ao julgar o RO 00493-1995-009-04-00-3, Rel. Juiz *Mário Chaves*, cujo acórdão foi publicado em 6.6.05 e foi confirmado pelo TST em sede de Agravo de Instrumento, não reconheceu a existência de vínculo empregatício, tendo em vista que a autonomia na atividade desenvolvida pelo árbitro reclamante desautorizava a tese de labor na forma dos arts. 2º e 3º da CLT, conforme fundamentação do voto condutor do acórdão(18).

---

um por si só, de alcance a inviabilizar o reconhecimento do vínculo de emprego.Todavia, convém ressaltar que, ainda que se admita que a referida lei não se aplica à hipótese, a decisão se manteria com base no outro fundamento. Não se constata ofensa ao art. 5º, XXXVI, da Constituição Federal, visto que o Tribunal Regional não decidiu unicamente com base na Lei n. 9.615/98, a qual constitui fundamento de reforço à sua tese. Com efeito, registrou: Não bastassem tais fatos, dispõe o art. 88 da Lei n. 9.615/98 que [...] (fl. 98). Assim, embora o agravante argumente que as conseqüências de um ajuste negocial são regidas pela legislação em vigor no momento de sua pactuação, a decisão, in casu, decorreu da análise do art. 3º da CLT, tendo sido expresso o entendimento de que a prestação de serviços do reclamante não revestia a forma de trabalho subordinado. Destaca-se que a invocação de ofensa ao art. 7º, I, da Constituição Federal é impertinente, porquanto esse dispositivo não determina a produção de normas trabalhistas sob a forma de lei complementar, apenas determina ao legislador complementar dispor sobre a proteção do empregado contra despedida arbitrada. Os fatos delineados pelo Tribunal *a quo*, transcritos alhures, conformaram a inexistência de relação de emprego. E, conforme salientado no acórdão recorrido, a ingerência praticada pela reclamada não transmuda a natureza autônoma da prestação dos serviços, visto que, ainda assim, a subordinação jurídica não ficou evidenciada na relação de trabalho existente entre as partes. Incólume o art. 3º da CLT. Os arts. 829 da CLT e 515 do CPC tratam de questão diversa da ora em debate, portanto, impertinente a invocação. Ante o exposto, nego provimento ao agravo de instrumento.

(18) A fundamentação do acórdão analisa o caso:

"2. Relação de emprego. Árbitro de futebol O recorrente insurge-se contra o não-reconhecimento do vínculo de emprego com a recorrida. Sustenta a presença dos requisitos caracterizadores do vínculo de emprego, consoante os arts. 2º e 3º da CLT. Conceitua as figuras do empregado e do empregador. Aduz ter a prova oral corroborado a sua tese, inclusive com referência a outros árbitros contemporâneos à época da prestação de serviços, que tiveram o vínculo de emprego reconhecido por esta Justiça Especializada. Transcreve trechos dos depoimentos das testemunhas, afirmando (fl. 988): *"a subordinação está comprovada, inclusive com menção a punições por faltas; o pagamento era feito pela Federação, através de seu representante, com o dinheiro advindo da renda, porém retirado da parte destinada a FGF, pois é incontroverso que a recorrida recebe pela administração dos campeonatos e jogos, portanto, a ela é destinada uma parte da renda, com a qual era paga remuneração ao árbitro. Além disso, os árbitros participavam de reuniões periódicas e eram escalados para os jogos que ocorriam no meio e final da semana, como acontece até hoje"* (sic). Alega que ao escalar, punir, obrigar a participação em reuniões e estabelecer a remuneração, a condição de empregadora da Federação Gaúcha de Futebol resta inequívoca. Assevera ter a recorrida se beneficiado diretamente de seu trabalho, devendo ser responsabilizada pelo pagamento dos direitos decorrentes da relação de emprego. Colaciona jurisprudência favorável à sua tese. Pugna pela reforma da sentença. Não prospera a inconformidade.

O recorrido narra na petição inicial: *"ingressou na F.G.F. em 28 de outubro de 1976, onde trabalhou como* árbitro de futebol, *e permaneceu até 9 de outubro de 1994, quando foi dispensado pela reclamada, imotivadamente. Desde 09 de outubro de 1994, o reclamante*

Atualmente os árbitros nacionais estão organizados em entidades de classe (sindicatos e associações) estaduais, sendo que em nível nacional existe atualmente a ANAF, fundada em 25.10.97, e a FEBAF — entida-

---

foi excluído da arbitragem da F.G.F., pois, nunca mais fora escalado para arbitrar qualquer jogo". A recorrida, na contestação, nega sua condição de empregadora, esclarecendo, em síntese, ter atuado como coordenadora e organizadora das atividades futebolísticas no Estado. Assevera o pagamento do árbitro pelos clubes de futebol. Considerando a possibilidade de exclusão da escala pelo próprio árbitro, nega a subordinação. O contrato de trabalho é contrato-realidade e configura-se independentemente da vontade das partes. Por força do princípio da primazia da realidade, a idéia que as partes fazem de sua situação e até a intenção que de início as animou não se revestem de força vinculativa para a determinação da natureza jurídica da relação estabelecida. Ainda que recusem as posições de empregado e empregador, estarão ligadas por contrato de trabalho, uma vez verificados os requisitos de sua conceituação legal. No mesmo sentido, a lição de Américo Plá Rodriguez ao apontar como princípio fundamental do ordenamento jurídico do trabalho o da primazia da realidade, por força do qual, no caso de discordância entre o que ocorre na prática e o que emerge dos documentos e acordos, se deve dar preferência ao que ocorre no mundo dos fatos. É o primado da realidade sobre a forma, determinando o reconhecimento do vínculo empregatício, uma vez configurados todos os seus elementos, constantes do art. 3º da CLT. Tem-se igualmente presente conclusão doutrinária e jurisprudencial de que no processo trabalhista, provada a prestação de serviço, presume-se a existência do contrato de trabalho, salvo prova em contrário. No caso, o contexto de prova corrobora a tese da defesa, revelando a prestação de serviços de forma autônoma. O perito contador, em resposta aos quesitos do recorrente, informa: *"é competência do Sindicato dos Clubes, Sindicatos dos Estabelecimentos de Cultura Física, a escalação das arbitragens* (fl. 93)*; Está configurado documentalmente que nos últimos 5 anos, a contar do ajuizamento, período pesquisado, as arbitragens são pagas pelos clubes* (fl. 94); *quando o Clube locatário deixa de realizar o pagamento no dia do Jogo, o mesmo é realizado posteriormente, por outro meio qualquer, após a interferência da Ré* (fl. 94). Acrescenta, em resposta aos quesitos da recorrida (fls. 96/98), ter o recorrente exercido outras atividades remuneradas no período de 26.5.71 a 27.11.89, com CTPS anotada, indicando os empregadores à fl. 96. Informa, ainda, a possibilidade de exclusão da escala quando o árbitro não desejava atuar, desde que justificada.A prova oral confirma os fatos descritos no laudo contábil. A primeira testemunha ouvida, Sr. Almiro Severino da Silva, atual representante de entidades esportivas junto à Federação, ainda que confirme a obrigatoriedade de cumprimento das escalas de arbitragem e treinamentos técnicos, informa (fl. 960): *"O árbitro escalado recebia um boletim com o valor da arbitragem, mais o valor da passagem e da diária, conforme a localidade; que o pagamento era feito, em princípio, pelos clubes da localidade, sob a responsabilidade do departamento de árbitros da reclamada; que na hipótese de o clube não efetuar o pagamento dos valores do boletim, este era remetido ao departamento de árbitros que encaminhava o assunto ao setor competente para decidir se a federação arcaria com o pagamento ou iria compelir o clube locatário ao mesmo; que em princípio em todos os campeonatos o regulamento estabelecia que a remuneração da arbitragem corria por conta dos clubes... não se recorda se o rte tinha outra atividade remunerada, além da de arbitro; que lembra que era obrigatório o arbitro possuir outra atividade remunerada; o árbitro somente recebia valores quando apitava jogos"* (sic — sublinhou-se). O testemunho do Sr. Zeno Escobar Barbosa é decisivo para a confirmação da sentença ao referir (fl. 961): *"o pagamento aos árbitros sempre foi feito no campo de jogo, ao término deste ou em grandes eventos até antecipado; que ao que consta ao dpte o pagamento provinha da renda do evento; que o pagamento sempre foi feito pelo representante da federação presente no evento; que era condição* sine qua non *para o arbitro que tivesse outra atividade remunerada; que ao que consta ao dpte essa condição decorria da necessidade de o arbitro ter independência financeira para evitar que fosse 'comprado'... os árbitros sempre tiveram entidade representativa de classe, que interferia junto à federação em casos de não pagamento dos árbitros pelos clubes"* (sic).

de sindical de segundo grau que, com jurisdição em todo território nacional, tem o objetivo de congregar os vinte e sete sindicatos (existem apenas quatro ou cinco sindicatos legalmente constituídos no Brasil, dentre

---

Os depoimentos acima transcritos, ao contrário das alegações do recorrente, não confortam a tese da existência do vínculo de emprego. Conclui-se ter a Federação Gaúcha de Futebol sido instituída para organizar os campeonatos realizados no Estado, necessitando, para atingir a sua finalidade, a organização e coordenação da arbitragem dos jogos dentro dos limites impostos nos regulamentos dos campeonatos.

Não resta qualquer dúvida acerca da existência de obrigações contratuais por parte do recorrente, tampouco da vinculação às regras preestabelecidas para a atuação nos jogos. O exercício da atividade de árbitro, como o de qualquer outra, exige o cumprimento de normas, no caso, a participação em reuniões, treinamentos físicos e outros eventos que propiciem o exercício da atividade. Isso não significa, porém, a existência de suporte fático a concretizar o pretendido vínculo de emprego previsto na CLT, principalmente a subordinação jurídica, traço mais marcante a caracterizar a relação de emprego.

Sobre essa matéria, transcreve-se entendimento esposado no Acórdão de n. 94.009144-5, publicado em 5.6.95, relatado pela Juíza Carmen Camino, que analisa situação semelhante a dos presentes autos: *"Conquanto se admita ter havido prestação de trabalho revestida de algumas das características próprias à espécie pretendida pelo A., é forçoso concluir pela inexistência de qualquer traço de subordinação hierárquica. Inicialmente, não se confunda o poder jurídico de fiscalizar o cumprimento de cláusulas contratuais, atribuível a qualquer sujeito contratante investido de direitos decorrentes do contrato, com o poder de comando, próprio e restrito ao contratante-empregador. Este decorre do direito de dispor da força de trabalho, que lhe é colocada à disposição, pelo contratante-empregado. Sendo impensável desvincular o ato de trabalhar do sujeito que o pratica, porque é o próprio empregado o instrumento de efetivação da entrega da prestação laboral (Carnelutti definiu o contrato de trabalho como "o homem trabalhando"), decorre naturalmente do direito de dispor do trabalho do empregador o estado de disponibilidade do empregado. Dessa correlação de estados jurídicos estabelecem-se, no plano da eficácia do contrato de trabalho, os poderes, exercitáveis pelo empregador — sujeito subordinante, de fiscalizar, orientar, dirigir, regulamentar e disciplinar a prestação pessoal de trabalho do empregado. Tais poderes distinguem-se do simples direito de exigir, documentar e fiscalizar a prestação de serviços, nos moldes contratuais, das demais relações de trabalho) porque nestes está ausente o fator hierárquico que é próprio do contrato de trabalho. Lembre-se ser comum a todos os tipos de contratos de atividade a denúncia por inexecução faltosa. Mas nenhuma das outras espécies de relação de trabalho contempla ao beneficiário da sua prestação o poder jurídico de impor sanção disciplinar, que não se confunde, dada a sua natureza, com cláusula penal ou outras espécies de sanções contratualmente previstas. O poder de comando independe de previsão contratual, é natural do contrato de trabalho. Basta que exista este último para que o empregador se invista naquele. A toda evidência, o autor não pode se enquadrar como sujeito-subordinado na relação jurídica em exame. No extenso rol de deveres estabelecido no art. 24 do Regulamento do Departamento de Árbitros da Federação, insere-se ressalva impensável no contexto de um contrato de trabalho, consubstanciada no item 28: "comunicar, em tempo hábil, sua impossibilidade de trabalhar ou de ser escalado para jogos" (fl. 124). Desconhece-se tal faculdade para o empregado"*. Somado a isso, a prova oral foi decisiva quanto à responsabilidade dos clubes de futebol pelo pagamento dos árbitros. A Federação somente intervém nas hipóteses de inadimplemento pelos clubes que participam do jogo, destacando-se a existência do Tribunal de Justiça Desportiva para decidir eventual descumprimento das obrigações estabelecidas nos regulamentos dos campeonatos.

Nesse contexto, exsurge dos autos a relação de natureza civil, reveladora da autonomia na prestação de serviços pelo recorrente, não favorecendo a tese de labor na forma dos arts. 2º e 3º da CLT.

eles o SAFESP-carta sindical obtida em 9 de abril de 1981 — o SAFERGS-carta sindical obtida em 4.2.85 — e o SAPERJ autorizado em 2.12.85) e Associação dos Árbitros de Futebol, fundada em 15 de novembro de 2002, cujo estatuto já se encontra adaptado ao novo Código Civil por Assembléia de 15 de novembro de 2003 e está em fase de consolidação jurídica. Esta última entidade foi criada para substituir, assim que possível, a ANAF. Importante dizer que a categoria é bastante desunida e se envolve em constantes disputas internas, com alegações de favorecimento, tráfico de influências, politicagem e outras questões dúbias, como tenta mostrar, por exemplo, o ex-árbitro *Euclydes Zamperetti Fiori* no livro *A República do Apito*, editado em São Paulo.

Na condição de representantes da categoria, as entidades sindicais estaduais encaminham a relação de árbitros às Federações Estaduais, e estas, por sua vez, encaminham uma relação de árbitros aptos à CBF, acompanhada da respectiva documentação (certidões negativas, prova de profissão paralela, teste físico, exames médicos etc). As Federações Estaduais, por meio das Comissões Estaduais de Arbitragem de Futebol (geralmente compostas por um Presidente e mais alguns membros especialistas na arbitragem), uma vez verificadas as condições de saúde física e psicológica dos árbitros, elaboram as escalas para os jogos da sua jurisdição, observado o sorteio previsto no Estatuto do Torcedor. A remuneração dos árbitros é baseada em tabela de taxas e custos anteriormente discutidas entre o Sindicato ou Associação da Categoria e a Federação Estadual. Os respectivos valores são descontados das rendas dos jogos e são pagos aos árbitros pela equipe mandante do jogo ou pelos representantes das Federações nos jogos. Em certas circunstâncias, a própria Federação Estadual ou a CBF, quando for o caso, assegura o pagamento dos valores das arbitragens.

Existe um movimento nacional em curso que pretende fundar Cooperativas de Árbitros, para o fim de prestar serviços às entidades dirigentes do futebol brasileiro. Em 4 de outubro de 2007, por exemplo, foi fundada a COAFESP, que tem por objetivos estatutários atuar nas áreas de prestação de serviços e assistência social aos Cooperados, administrada por uma diretoria executiva composta por três membros (Presidente, Secretário e Tesoureiro), com mandato de quatro anos, permitida a reeleição, que receberão honorários, *pró-labore* e ajuda de custo fixados pela Assembléia Geral. Para associar-se, o árbitro deve ter curso de formação da FPF e pagar 50 quotas-parte no valor total de R$ 50,00. A Cooperativa manterá um Departamento de Árbitros que será responsável pela organização de escalas e agenda de compromissos, atendendo com critério a atribuição da prestação de serviços de forma eqüitativa entre os Cooperados, conforme demanda dos clientes (art. 40 do Estatuto). Os direitos e deveres dos cooperados estão previstos nos arts. 6º e 7º do Estatuto[(19)]. No Rio de Janeiro existe a COOPAFERJ.

A iniciativa cooperativista talvez não seja boa para os árbitros, na medida em que enfraquecerá os Sindicatos e Associações, verdadeiros representantes da categoria, bem como favorecerá aqueles árbitros que pertencem ao quadro nacional e internacional ou beneficiará grupos que, como vem acontecendo em Cooperativas da espécie, colocam interesses pessoais acima dos interesses da categoria e dos cooperados. As experiências recentes com Cooperativas de prestação de mão-de-obra e serviços no Brasil têm revelado situações desastrosas para os Cooperados, com investigações em curso por parte do Ministério Público do Trabalho, dos Tribunais de Contas da União e dos Estados, e do próprio Poder Judiciário. Além disso, a Cooperativa representa legalmente apenas os seus cooperados, o que, por si só, evidencia divisão da categoria e enfraquecimento nas negociações com as entidades dirigentes do esporte. Por isso, os dirigentes, sejam das entidades representativas dos árbitros, sejam das entidades organizadoras e dirigentes do futebol, que efetivamente têm o propósito de melhorar a qualidade da arbitragem no Brasil, não podem fomentar essa prática, sob pena de dividir ainda mais a categoria e talvez beneficiar grupos que há anos centralizam negociações e

(19) Art. 6º São direitos dos Cooperados:

I) participar das Assembléias Gerais, discutindo e votando os assuntos que nelas forem tratados;

II) propor a Diretoria Executiva, Conselho de Administração, Conselho Fiscal, Diretorias Regionais ou às Assembléias Gerais, medidas de interesse dos Cooperados;

III) demitir-se da Cooperativa, quando lhe convier;

IV) solicitar informações sobre seus débitos e créditos;

V) solicitar informações sobre as atividades da COAFESP e, a partir da data de publicação do Edital de Convocação da Assembléia Geral Ordinária, consultar os livros e peças do Balanço Geral, que devem estar à disposição do cooperado na sede da COAFESP;

VI) participar, quando indicado, dos Grupos de Trabalho que forem criados para desenvolver projetos ou atividades atinentes às funções desenvolvidas pelos Cooperados;

VII) votar e ser votado para cargos administrativos, fiscais e outras funções.

Art. 7º — São deveres dos Cooperados:

I) fazer o pagamento da cota de capital fixada para criar ou ingressar na Cooperativa;

II) promover as atividades desenvolvidas pela COAFESP, nos termos deste Estatuto e contribuir com as taxas de serviço e encargos operacionais que forem estabelecidos;

III) cumprir com as disposições da lei e do estatuto, bem como respeitar as resoluções tomadas pela Diretoria Executiva e as deliberações das Assembléias Gerais;

IV) realizar com a COAFESP as operações econômicas e sociais que constituam sua finalidade;

V) debater idéias e decidir acerca dos objetivos e metas de interesse da Cooperativa;

VI) denunciar os procedimentos indevidos, que porventura tenha tomado conhecimento; zelar pelo patrimônio material e moral da COAFESP.

preocupam-se pouco com a transparência e a qualificação da arbitragem nacional. Ademais, as entidades tomadoras dos serviços dos cooperados correm enormes riscos com encargos previdenciários e trabalhistas eventualmente devidos em razão das relações de trabalho havidas. E mais: a propalada redução de encargos de INSS e FGTS, pregada por alguns, só vem em prejuízo dos cooperados.

Mesmo assim, a CBF tem se manifestado a favor da criação de Cooperativas. Em entrevista ao Globo Esporte(globoesporte.globo.com/ESP/Notícia/Futebol, consultado em 5.9.07), o Presidente da Comissão de Árbitros *Sérgio Corrêa*, ao tempo em que profetizava que a profissionalização é um sonho, apostava na criação de Cooperativas em todo Brasil:

> "A profissionalização da arbitragem é um sonho de todo mundo. Eu trabalho com o futebol há 26 anos, já apitei quase 700 jogos, e continuo querendo isto. Acredito também que um outro caminho é a criação de cooperativas, já que minimiza os pagamentos de taxas como INSS e FGTS. No estatuto da Federação Brasileira de Árbitros, que deve substituir a Anaf (Associação Nacional de Árbitros do Brasil), já consta a formação de uma cooperativa nacional de juízes e bandeirinhas — admite Corrêa."

A Lei n. 10.671, de 15 de maio de 2003(Estatuto do Torcedor) tem previsão expressa a respeito da responsabilidade pela "remuneração do árbitro":

> *"Art. 30. É direito do torcedor que a arbitragem das competições desportivas seja independente, imparcial, previamente remunerada e isenta de pressões.*
>
> *Parágrafo Único-A remuneração do árbitro e de seus auxiliares será de responsabilidade da entidade de administração do desporto ou da liga organizadora do evento esportivo."*

A análise do artigo transcrito revela que o legislador, às vezes, não conhece as peculiaridades das situações sobre as quais legisla ou é um sonhador ao prever situações ideais para casos em que a prática ainda não chegou a tal perfeição. No âmbito do futebol, a arbitragem ainda não é remunerada previamente e sofre muitas pressões, inclusive da imprensa, de dirigentes e dos próprios torcedores e jogadores. A remuneração, por sua vez, na prática, é de responsabilidade das equipes mandantes dos jogos, eis que descontadas dos borderôs (***). Mas, a lei sempre visa "ao ideal", e a nossa determinação deve ser sempre a busca dessa meta. Mesmo assim, a responsabilidade pelo recolhimento das contribuições previdenciárias relacionadas à atividade dos árbitros é das "entidades promotoras dos eventos", ou seja, das entidades dirigentes do esporte.

Assim, por exemplo, o recolhimento de 20% sobre a remuneração dos árbitros a título de contribuição para o INSS tem respaldo legal no art. 22, incisão III da Lei n. 8.212/91. Os Tribunais, inclusive o STJ, vêm decidindo nessa linha:

> "REsp n. 508.981/SC Recurso especial — 2003/0019657-1. Relator: Ministro Francisco Peçanha Martins (1094). Segunda Turma. Julgado em 18.11.04. DJ 1.2.05 p. 479.RSTJ vol. 187 p. 239. Ementa: Tributário — Contribuição previdenciária — Remuneração paga aos árbitros, auxiliares de arbitragem, delegados e demais contribuintes individuais — Lei n. 8.212/91, art. 22, III — Responsabilidade da entidade promotora do evento (federação, confederação ou liga de futebol) — Aplicação do código desportivo da federação — Impossibilidade — CTN, art. 123 — Precedente. Em se tratando de partidas de futebol, a responsabilidade pelo recolhimento das contribuições incidentes sobre a remuneração auferida pelos árbitros, auxiliares de arbitragem, delegados e fiscais de cada espetáculo desportivo, bem como por aqueles que realizam o exame anti-dopping, bilheteiros, porteiros, maqueiros, seguranças, gandulas etc, é da entidade promotora do evento (federação, confederação ou liga de futebol). — A existência de Código Desportivo da Federação Catarinense de Futebol e de estatuto, atribuindo a responsabilidade à associação desportiva (time da casa), não tem o condão de modificar o sujeito passivo da contribuição previdenciária, em face do regramento contido no art. 123 do CTN. — Recurso especial conhecido, mas desprovido."

O árbitro de futebol e seus auxiliares, que atuam em conformidade com a Lei n. 9.615/98, são segurados e contribuintes obrigatórios da Previdência Social, até o limite estabelecido como teto, de acordo com o previsto no art. 11, inciso "V", letra *h* da Lei n. 8.213/91 com a redação da Lei n. 9.876/99, combinado com o art. 9º, § 15, inciso XIV do Decreto n. 3.408, de 6 de maio de 1999 com a redação do Decreto n. 3.265/99. Os recolhimentos podem ser feitos por meio de "carnê" pelo próprio árbitro ou via desconto (na fonte)nas taxas de arbitragens, em cada pagamento até o respectivo teto mensal, sendo que a responsabilidade pelo recolhimento, no último caso, é das respectivas Federações, CBF e Clubes. É muito importante que os próprios árbitros fiscalizem se efetivamente os recolhimentos dos valores descontados das taxas de arbitragens estão sendo concretizados junto à Previdência Social, a fim de que não haja prejuízo para fins de obtenção de benefícios previdenciários. Para que se tenha a informação oficial dos recolhimentos efetivados em nome da cada contribuinte basta consultar a Base de Dados do CNIS-Cadastro Nacional de Informações Sociais do INSS, que pode ser acessado no *site* do INSS ou da DATAPREV.

Sobre a questão previdenciária, importante salientar que algumas situações específicas precisam de melhor normatização, a fim de evitar dúvidas e controvérsias. Nessa esteira, podemos citar a questão da aposentadoria, considerando que o árbitro geralmente encerra sua carreira, por exigência das entidades organizadoras do futebol e em razão das próprias características da atividade, entre 45 e 50 anos de idade. Outra situação dúbia surge quando um árbitro, que é contribuinte como tal e que também contribui para a Previdência em razão de profissão paralela, tem problema físico ou de saúde que o impede de arbitrar, mas não o impede de exercer a outra atividade paralela. Terá ele direito ao benefício do "auxílio-doença"? E em que proporção?

Feitas essas breves considerações sobre a questão previdenciária, importante repisar que a CBF mantém a Comissão Nacional de Árbitros, composta por um Presidente e alguns outros integrantes especialistas da área, que elabora a Relação Nacional Anual de Árbitros de Futebol bem como as escalas dos jogos nacionais, observado o sorteio previsto no Estatuto do Torcedor. A respectiva remuneração, por atuação, também é baseada em tabela e em valores anteriormente divulgados e envolve inclusive despesas de deslocamento e hospedagem, descontada dos "borderôs" dos jogos e paga diretamente (geralmente após a partida e ainda no vestiário) aos árbitros e assistentes que atuaram na partida. Dos valores das taxas são descontados os recolhimentos fiscais e previdenciários, a saber: Imposto de Renda na Fonte, INSS (11% ou 20%), bem como contribuição de cerca de 5% para a ANAF. Nos jogos sob a jurisdição das Federações Estaduais, como, por exemplo, no Rio de Janeiro[(20)], os descontos também envolvem Imposto de Renda na Fonte,

---

(20) Anexo II — Despesas fixas do campeonato carioca da segunda divisão de 2007

I — Fixados os valores para algumas das despesas:

a) Taxas de arbitragem: R$ 1.050,00 (1ª, 2ª e 3ª fases e grupo X), R$ 1.500,00 (4ª fase);

b) Sobre os valores acima incidirão a alíquota da COOPAFERJ e 20% de INSS;

c) Delegado, Ouvidoria e Quadro Móvel: R$ 500,00 (1ª, 2ª e 3ª fases e grupo X), R$ 565,00 (4ª fase);

d) Sobre os valores acima incidirá a alíquota de 20% de INSS;

e) Seguro: R$ 0,15 por ingresso vendido;

f) Confecção de ingressos: R$ 0,20 por ingresso;

g) UTI Móvel R$ 700,00 (Valor médio);

h) Alíquota do INSS: 5% sobre a renda bruta;

i) Alíquota da FERJ 10% sobre a renda bruta;

j) Taxa do Corpo de Bombeiros: R$ 19,36;

k) Material de expediente: R$ 10,00;

l) Diária da arbitragem, delegado e quadro móvel, no valor de R$ 30,00 por pessoa, devida nos jogos realizados nos estádios situados em municípios não limítrofes ao Município do Rio de Janeiro;

m) Reembolso de passagem, mediante comprovante, para arbitragem, delegado e supervisores, devido nos jogos realizados nos estádios situados em municípios não limítrofes ao Município do Rio de Janeiro, facultado à FERJ disponibilizar uma VAN para transporte de toda a equipe aqui citada, quando o somatório do preço das passagem for maior que o preço da VAN.

INSS, ISS em alguns Estados (em São Paulo, por exemplo, são descontados 5% de ISS sobre as taxas dos jogos estaduais e nacionais), bem como contribuição para os Sindicatos ou Associações Estaduais de Árbitros.

A questão do pagamento das taxas de arbitragem aos árbitros também tem sido enfrentada pelo STJD, quando os responsáveis pelo pagamento não cumprem a sua obrigação. Nessa esteira, a Primeira Comissão Disciplinar julgou, em 31 de março de 2008, o processo n. 012/2008, tendo como Relator o auditor *Henrique César Domenici*, referente ao Jogo Brasiliense F.C X SC Ulbra, pela Copa do Brasil/2008, em que foi aplicada a pena de multa de R$ 250,00 ao Brasiliense F.C e à Federação Brasiliense de Futebol, pelo atraso no pagamento dos árbitros, com base no art. 232 do CBJD, que diz: *"Deixar de cumprir obrigação assumida em qualquer documento referente às atividades desportivas, observada a competência da Justiça Desportiva prevista em lei. Pena: multa de até R$ 1.000,00 e cumprimento da obrigação no prazo que for fixado, além de indenização pelos prejuízos causados, quando requerida."*

Assim, de regra, não há, no Brasil, qualquer relação empregatícia entre as entidades dirigentes do Desporto e os árbitros de futebol. Tampouco há qualquer documento escrito entre as respectivas entidades e os árbitros, já que há uma espécie de contrato verbal para prestação de serviços. Há, pois, com se pôde ver acima, uma espécie de prestação de serviços autônomos entre os árbitros e as entidades que administram o desporto no País. A propósito, acaso aprovada e sancionada a legislação que reconhecer a atividade de árbitro de futebol como profissão, isso, por si só, não implicará relação de emprego com as entidades dirigentes do esporte. Para que o vínculo laboral se caracterize, deverão estar presentes, por óbvio, os requisitos da CLT ou a respectiva "assinatura" da CTPS na qual poderá, então, constar a atividade de árbitro de futebol.

Na Argentina, onde os árbitros também não são profissionais (os únicos que têm uma remuneração mensal fixa garantida são os árbitros e assistentes do quadro da FIFA), a relação entre eles e a AFA (Associación del Fútbol Argentino — entidade originária da AAFL-Argentine Association Football League, fundada em 1893 e consolidada como entidade nacional única em 1934, e que é presidida desde 1979 por *Julio Humberto Grondona*) é diferente do Brasil. Lá existem cerca de 1.500 árbitros (de futebol e de futebol de salão) em atividade (são representados por duas entidades sindicais/associativas de árbitros — Associação Argentina de Árbitros e o Sadra — dividindo a categoria, sendo que ambas têm relações com a AFA, cada uma com reivindicações próprias). Destes, cerca de 500, incluindo árbitros de futebol e futsal, têm contrato escrito com a AFA (espécie de "Locación de Servicios Arbitrales"), de natureza civil e com inúmeras cláusulas que regulam a relação, sem, no entanto, reconhecer qualquer vínculo laboral com a entidade. A remuneração baseia-se principalmente na classificação dos árbitros e no número de atuações de cada juiz. A relação referida ainda envolve a Convención Colectiva de Trabajo n. 126/75, firmada entre a Asociación del Fútbol Argentino e a Asociación Argentina de Árbitros, em agosto de 1975, com vigência inicial prevista entre 1º de junho de 1975 e 31 de maio de 1976. Tal Convencão previa, no seu art. 6º: *"La Asociación del Fútbol Argentino no celebrará contratos individuales o copletivos com árbitros nacionales o extranjeros, salvo imposiciones en contrario que pudieran emanar de la Federación Internacional de Fútbol Asociado (F.I.F.A) y/o de la Confederación Sudamericana de Fútbol(CSF)"*. Entretanto, em 1997, houve uma espécie de "adendo" a título de "Ampliación del art. 6º del CCT 126/75", prevendo: *"La posibilidad que la A.F.A pueda celebrar contratos de servicios arbitrales, sin relación de dependência, con los arbitros que integran y/o ingresen a sus planteles oficiales."* É nesse contexto que se estabelecem as relações jurídicas entre árbitros de Futebol e Futsal e a sua Associação Nacional.

A situação no país vizinho em relação a demandas judiciais, visando ao reconhecimento do vínculo laboral, ao contrário do que acontece atualmente no Brasil, é bastante tumultuada. Havia, até a década de 90, uma relação direta entre árbitros e a AFA, sendo que a entidade, a partir de então, passou a adotar procedimentos para tentar desvincular esse relacionamento e afastar a responsabilidade laboral em relação aos árbitros. Tramitam na Justiça Laboral Argentina cerca de uma centena de ações da espécie, com decisões em ambos os sentidos: algumas reconhecendo o vínculo laboral e outras em sentido contrário. Há inclusive ação de antigos árbitros representados pela Associação Argentina de Árbitros que visa ao reconhecimento da responsabilidade da AFA pelos árbitros que eram seus dependentes legais até a década de 90, quando foi alterada a sistemática de relacionamento árbitro/entidade. O assunto está submetido à Suprema Corte Argentina, sendo que pelo menos dois casos ali tramitam, para que haja uma orientação definitiva a respeito da questão.

Em 2005, por exemplo, foi julgado Recurso na Ação do árbitro *Eduardo A. D'Amico* contra a AFA, discutindo a existência de vínculo laboral e analisando as questões fáticas que envolveram a relação[(21)], bem como, as soluções jurídicas aplicadas ao caso concreto.

Não há, no país vizinho, qualquer legislação que trate da questão, e nem mesmo iniciativas legislativas para regulamentar a situação, conforme informações obtidas junto ao Departamento de Recursos Humanos da AFA. A Lei n. 20.655/74[(22)], que regula a atividade desportiva em todo o

(21) *Cuadernos de Derecho Deportivo* n. 6/7, Daniel Crespo e Ricardo Navía — p. 314-317.

país não traz qualquer norma ou referência aos árbitros das diversas modalidades desportivas.

Em outros países latino-americanos, como no Chile, no Paraguai e no Uruguai, as relações entre os árbitros e as entidades dirigentes também se caracterizam por relações sem qualquer vínculo laboral, caracterizando-se pela informalidade e com remuneração baseada em taxas e valores estabelecidos por partida arbitrada.

Nos países jurisdicionados pela UEFA, a preocupação com a formação e preparação de novos árbitros e sua gradual profissionalização, ao contrário do que acontecia no século passado, tem sido uma das prioridades, com vistas ao aperfeiçoamento das arbitragens. O *site* da entidade[(23)], que reúne 53 associações nacionais, tem divulgado notícias sobre programas de aperfeiçoamento da arbitragem, inclusive a formalização de uma Convenção sobre arbitragem, à qual já aderiram muitos países integrantes da União. Recente notícia informa sobre medidas em implementação:

> "O sector da arbitragem na UEFA tem acompanhado o ritmo das exigências colocadas aos homens e mulheres responsáveis por dirigir os jogos nos relvados.
>
> Em conjunto com as 53 federações nacionais, a UEFA dedica grande atenção à arbitragem européia, orientando os árbitros de elite e os mais promissores, ao mesmo tempo que assegura que os jovens recebem as instruções adequadas à sua função. O Comité de Arbitragem da UEFA, apoiado pela unidade de arbitragem da sede da UEFA, em Nyon, lida com todos os assuntos relacionados com a arbitragem. Por outro lado, o Painel de Instrutores de Árbitros, o Painel de Observadores de Árbitros e o Painel do Fair Play foram criados para apoiar o Comité de Arbitragem em todas as suas tarefas."

A entidade européia desenvolve atualmente um programa de "Novos Talentos" com vistas a formar uma nova safra de árbitros para os desafios da realidade do futebol. Na Eurocopa de 2008, em que a remuneração de árbitro por jogo se situa em torno de R$ 25.000,00, alguns desse talentos já estarão sendo testados. (*vide* <www.cartaovermelho.esp.br>).

Em alguns países da UEFA há previsão legislativa específica sobre o assunto. Em Portugal, por exemplo, a Lei de Bases do Sistema Desportivo (Lei n. 01/90)[(24)], ao tratar, em seu art. 4º, dos princípios gerais da forma-

---

(22) <www.deportes.gov.ar/leydeporte>. Consultado em: 12.10.07.

(23) <http//pt.UEFA.com>. Consultado em: 22.3.08.

ção e da prática desportiva, prevê a ação do Estado nas ações de formação de agentes desportivos, incluindo os árbitros. Em diversos países europeus existem programas de treinamento específico para árbitros, dirigidos por especialistas, tal como o professor belga *Werner Helsen*, especialista em preparação física de árbitros, preocupação que já era capitaneada pelo professor espanhol *José Munõz Ripoll* nos anos de 1980. Aliás, é o que está faltando no Brasil e nos países sul-americanos, onde urge que as entidades e dirigentes do futebol patrocinem cursos de preparação e aperfeiçoamento de árbitros, com a utilização de especialistas nas diversas áreas: preparação física e psicológica, preparação técnica etc.

Na Espanha e na Alemanha, os árbitros também não são profissionais, e exercem profissão paralela, e sua remuneração é por jogo, sendo que os valores das taxas são compensadoras. Na Espanha, onde a Lei n. 10/90[25] — regula a organização desportiva, não há referência à profissionalização ou vinculação laboral dos árbitros. Na Alemanha, por sua vez, o desporto está alicerçado sobre estruturas desportivas privadas, inexistindo regulamentação pública para disciplinar as respectivas atividades.

Na França, o chamado "Estatuto do Árbitro", em vigor desde janeiro de 2007, estabelece que não há vínculo laborativo com as Federações, sendo considerada atividade autônoma (observadas as condições constantes dos regulamentos federativos), com remuneração baseada em honorários e diárias, sujeita, entretanto, ao Regime Geral de Seguridade Social de forma obrigatória.

Na Itália, os árbitros não são profissionais. A *Revista Placar* de novembro de 2005, p. 60, referindo-se a tal situação, que ainda perdura, esclarece a respeito:

> "Os árbitros na Itália não são profissionais e, ao contrário do que prega o Presidente da Fifa *Joseph Blatter*, a AIA (Associação Italiana de Árbitros) defende que o ideal é manter seus funcionários assim — na categoria de amadores. 'Os juízes de futebol italianos possuem contratos anuais com a Federcalcio (Federação de Futebol da Itália). Se um árbitro não vai bem durante uma temporada ou não tem o contrato renovado, não fica no olho da rua', diz *Piergiorgio Sciascia*, secretário da AIA, explicando a decisão da entidade de determinar a arbitragem como uma segunda atividade profissional.
>
> Embora considerados amadores, os juízes de futebol na Itália possuem uma rotina de treinamentos noturnos, três vezes por semana, e reuniões mensais para discussão de conceitos técnicos dentro de

---

(24) <www.portolegal.com/DesportoLei>. Consultado em: 12.10.07.

(25) <www.deportedigital.galeon.com/legislacion/ley>. Consultado em: 12.10.07.

campo. Tem mais: um mês antes do início da Copa da Itália e do Campeonato Italiano, eles se reúnem por cerca de 10 dias, concentrados em Coverciano, na Toscana.

Os salários para os principais árbitros do país não são nada baixos. Além dos gastos com transporte e hospedagem, para apitar um jogo da série A, um juiz recebe cerca de 5 mil euros.. Da Série B, 2.100 euros.. No final da temporada é possível ganhar cerca de 200 mil euros... Para diminuir as chances de os juízes caírem em tentação, a AIA permite ainda que seus associados assinem contratos de publicidade. Cerca de 10% do valor da cota é destinado ao Fundo de Solidariedade da AIA, que dá assistência aos associados inválidos. 'Acreditamos que, com os contratos anuais, mais a publicidade e uma justa remuneração pelos jogos, temos a fórmula para evitar a corrupção na arbitragem', afirma Sciascia."

Apenas na Inglaterra existem os chamados "Profissionais do Apito", uma vez que há preocupação com a qualificação e a independência financeira de um grupo de árbitros encarregado de dirigir os jogos dos campeonatos naquele País. Entretanto, menos de uma centena de árbitros estão nessa situação. A *Revista Placar* — edição de novembro de 2005, já explica o funcionamento da sistema inglês, esclarecendo (p. 60):

"A organização da arbitragem inglesa é a mais diferente que há em relação à brasileira — o que, neste caso, significa dizer que é a melhor. O processo de profissionalização teve início em 2001 e esta temporada é a terceira em que todos os árbitros se dedicam exclusivamente a apitar jogos da FA (a Federação Inglesa). O quadro principal de juízes é composto por 21 do chamado "grupo seleto" — os que trabalham na Premier League — e mais 49 para as outras divisões. Todos eles têm um contrato anual com a FA, cujo valor é de cerca de 33 mil libras (132 mil reais). 'O que varia é o valor de uma espécie de bônus, que o árbitro recebe de acordo com o grau de importância das partidas para as quais é escalado' *diz Ian Blanchard, chefe da área de desenvolvimento de arbitragem da FA. Os ganhos anuais dos principais juízes ingleses podem chegar a cerca de 56 mil libras (223 mil reais).*

Quando a Inglaterra optou pela profissionalização, a FA, a Premier League(que é uma empresa à parte da Federação e a Football League (a Segunda divisão) se juntaram para a criação da PGMOB (Professional Game Match Officials Bord) — instituição responsável por toda a arbitragem do país. Sob a nova condição de funcionários, os juízes passaram a ser vistos mais de perto: cada quinzena, reúnem-se durante dois dias com Keith Hackett, chefe da PGMOB, e sua equipe. Eles assistem a fitas de vídeo de suas últimas atuações, são avaliados e passam por uma bateria de treinamentos físicos e de coordenação. A PGMOB é como um clube de futebol que, em vez de jogadores, reúne profissionais do apito. A entidade tem dois fisiologistas e um psicólogo contratados para atender seus árbitros de ponta e, em agosto, fechou contrato de patrocínio por três anos com a Emirates Airlines. 'Desde que implantamos o profissionalismo, o nível da arbitragem inglesa cresceu muito' diz Blanchard. 'Eles têm mais compromisso com o ofício e o resultado de suas avaliações físicas, que são semanais, é incomparavelmente melhor.'

Num país onde as apostas em eventos esportivos são uma instituição nacional tanto quanto a Rainha-Mãe ou o Big Ben, segundo Blanchard, nunca houve caso algum de corrupção. 'O fato de ser uma atividade legalizada — e, assim, muito bem controlada — ajuda a evitar episódios como o que aconteceu no Brasil', afirma. 'Ao fazer seu contrato, todo juiz deve nos dizer para qual equipe torce ou com a qual já teve alguma proximidade, assim como assinar um termo garantindo que não se envolverá com apostas. É uma medida óbvia de segurança'".

Embora a FIFA defenda a profissionalização da atividade de árbitro (inclusive com Programas e metas institucionais de aperfeiçoamento e qualificação, como o RAP), não mantém vínculo direto com nenhum integrante do seu quadro de árbitros de Futebol e Futsal. A remuneração dos árbitros, quando atuam em jogos internacionais, obedece a fórmula semelhante à de muitos países, ou seja, remuneração por atuação. Mesmo assim, a entidade *mater*, por intermédio da sua Comissão de Árbitros, vem defendendo a profissionalização dos árbitros e árbitras de futebol e de futebol de salão, pelo menos quando ascendem aos quadros da entidade internacional. Em março de 2005, o Presidente *Blatter*, em entrevista, defendeu um salário de 100 mil euros por ano para os árbitros da entidade, cerca de 14 mil dólares por mês, como forma de evitar futuros escândalos de corrupção (JOGO DURO — p. 319). Além disso, a FIFA, cujo quadro de árbitros é composto por cerca de três mil componentes, tem constante preocupação com o aperfeiçoamento dos juízes (o RAP, programa que está em desenvolvimento, prevê, em seu primeiro estágio, a contratação de profissionais especialistas em arbitragem de futebol, preparação física e psicológica em dezenas de países para acompanhar e cuidar do aperfeiçoamento dos árbitros "mundialistas" integrantes do seu quadro. Além disso, em estágios subseqüentes, pretende formar instrutores e especialistas em arbitragem de futebol e preparação física, técnica, médica e psicológica nos países associados à entidade internacional). Paralelamente, há a realização de experiências práticas com vistas a melhorar o nível das arbitragens no mundo inteiro (em 2008, a FIFA testa a utilização de mais dois árbitros ou assistentes por jogo, ou seja, além do árbitro principal e dos assistentes haverá mais dois auxiliares dentro ou próximos do campo, nas imediações de cada área de meta).

O sistema adotado na maioria do países sob a jurisdição da FIFA, em que os árbitros têm uma atividade paralela, estabelece algumas condições, não se admitindo atividades consideradas incompatíveis com a atividade de apitador ou apitadora (hoje existem também os quadros de árbitras femininas em muitas Federações Estaduais, Nacionais e na FIFA) ou que gerem polêmicas públicas, mesmo que tais atividades sejam lícitas. A árbitra e assistente brasileira *Ana Paula Oliveira*, dos quadros da Federação Paulista, CBF e FIFA, vem sofrendo restrições na atividade por ter posado para a *Revista Play Boy*, edição brasileira, em 2007. Em 24 de setembro de 2007 ela esteve em Porto Alegre (RS), na festa do *"Encontro do Esporte"* (promoção anual organizada pelo Jornalista *João Bosco Vaz*) e, conforme o *Jornal Zero Hora*, edição de 26.9.07, ela afirmou que não se arrepende de ter posado nua para a Revista, esclarecendo: "Foi uma experiência única. Nunca tinha pensado em fazer um trabalho desses. Valeu a pena. Quebrei alguns tabus. Mas, infelizmente, a gente tem o péssimo hábito de criticar sem saber do que se trata (...) para saber de fato se continuarei autoridade em campo, preciso trabalhar. Pelo que conheço dos dirigentes e jogadores, não vai ter problema".

Entende-se que um trabalho profissional lícito, mesmo como o efetuado pela árbitra acima referida, não pode servir de pretexto para o afastamento de tais profissionais dos quadros das respectivas entidades. O importante é que tais "personagens" estejam bem preparados técnica, física e psicologicamente, não importando a atividade paralela que desempenham, desde que lícita e transparente. Se assim não fosse, atores, atrizes, jogadores de futebol e outros profissionais, que também têm atividades paralelas semelhantes, estariam condenados ao ostracismo e à discriminação.

Finalmente, defende-se posição favorável à profissionalização dos árbitros brasileiros, pelo menos daqueles que fazem parte do quadro da FIFA e da CBF. Isso não significa que tenham necessariamente vínculo empregatício com as entidades que administram o futebol. A profissionalização também pode ser mantida como atividade autônoma, mediante o recebimento de honorários por atuações ou competições. O importante de tudo é a necessidade de aprimoramento de formação, preparação, reciclagem e aperfeiçoamento dos árbitros em atividade, diante do contexto desportivo profissional em que atuam. Quiçá, as Universidades se voltem à formação específica de árbitros, colocando tal opção nos seus cursos de Educação Física ou de Psicologia (oportuno lembrar o trabalho do professor *João Carvalhaes*, um dos pioneiros da psicologia do esporte no Brasil e que tem feito trabalho com árbitros junto à Federação Paulista de Futebol). Importante, evidentemente, o reconhecimento legal da profissão, na esteira das iniciativas que tramitam no Congresso Nacional. Lamentavelmente, os projetos que estão em discussão no Legislativo Federal são simplórios e resumidos, deixando de prever questões importantes e indispensáveis que talvez possam ser amenizadas pela respectiva regulamentação.

2

A JUSTIÇA DESPORTIVA E O ÁRBITRO

2.1 Considerações gerais

De início, é necessário referir alguns aspectos importantes da história e da legislação desportiva brasileira. No final do século XIX e início do século XX, foram fundadas as primeiras associações e os primeiros clubes sociais desportivos no Brasil, bem como as primeiras entidades de administração (Ligas, Federações e Confederações). No campo legislativo, foi por meio do Decreto-lei n. 1056, de 19 de janeiro de 1939, que a normatização do desporto nacional teve a sua gênese, com a criação de mecanismos para desenvolver estudos sobre a questão do Desporto Nacional, inclusive a criação de uma Comissão formada por cinco membros, designados pelo Presidente da República. Fruto do trabalho dessa Comissão, o Decreto-lei n. 3.199, de 14 de abril de 1941, instituiu o Conselho Nacional de Desportos (CND), subordinado ao Ministério da Educação e Cultura (MEC), com a competência para regular e organizar o desporto no Brasil. De 1941 a 1990, o desporto brasileiro foi regido complementarmente por meio de portarias e resoluções do CND. Importante lembrar que a Lei n. 5.988, de 14 de dezembro de 1973, criou o Direito de Arena para os clubes e a participação de atletas. A Lei n. 6.354, de 2 de setembro de 1976, regulamentou a profissão de atleta de futebol. A Lei n. 6.251, de 8 de outubro de 1975, instituiu normas gerais sobre o desporto (Lei do não pode), regulamentada pelo Decreto n. 80.228, de 25 de agosto de 1977. Em 4 de outubro de 1988, foi promulgada a atual Constituição Federal, trazendo normas a respeito do desporto/esporte como *"Um dever do Estado e um direito de cada um"*. A Lei Zico (regulamentada pelo Decreto n. 981/93) foi o primeiro ordenamento após a Constituição que continha normas gerais sobre o desporto(complementada pela Lei n. 8.946, de 5.12.94, que tratava do Sistema Educacional Desportivo Brasileiro). A Lei n. 8.650, de 22 de abril de 1993, regulamenta a profissão de Treinador de Futebol. Finalmente, é editada a Lei n. 9.615, de 25 de março de 1998 (Lei Pelé, regulamentada pelo Decreto n. 2.574/98, posteriormente revogado pelo Decreto n. 5.000/2004), que foi alterada pela Lei n. 9.981/2000;

Lei n. 10.264/2001; Lei n. 10.672/2003 (Lei da Moralização do Esporte) e Lei n. 11.118/2005. Ainda em 2003, foi editada a Lei n. 10.671, que contém o Estatuto do Torcedor.

No âmbito da Justiça Desportiva, importante registrar que, em 4 de novembro de 1942, foi criado o Tribunal de Penas, responsável pelo julgamento e punição das infrações disciplinares de atletas e entidades de prática desportiva. Em 1956 o CND, pela Deliberação n. 3, havia instituído o Código Brasileiro de Justiça e Disciplina Desportiva, destinado exclusivamente aos esportes amadores. O Código Brasileiro Disciplinar de Futebol-CBDF foi instituído pela Portaria n. 702, de 17 de dezembro de 1981, do MEC, com respaldo no art. 42 da Lei n. 6.251/75 e respectivo Decreto n. 80.228/77. A Portaria n. 629, de 2 de setembro de 1986, do MEC, por sua vez, instituiu o Código Brasileiro de Justiça e Disciplina Desportiva-CBJDD, que se destinava às demais modalidades desportivas no Brasil, excetuado o Futebol, que tinha Código próprio, conforme referido acima. Tais diplomas, que continham a organização da Justiça Desportiva praticamente idêntica aos moldes atuais, foram revogados pela Resolução n. 01, do CNE (Conselho Nacional do Esporte-órgão vinculado ao Ministério do Esporte), de 23 de dezembro de 2003, que, arrimado na Lei Pelé, instituiu o Código Brasileiro de Justiça Desportiva-CBJD, o qual, alterado pela Resolução n. 11 do CNE, está atualmente em vigor e regula a organização, o funcionamento, as atribuições da Justiça desportiva e o processo desportivo, inclusive o relacionado aos árbitros de futebol. Importante esclarecer, também, que alguns Estados instituíram os seus Códigos de Organização da Justiça e Disciplina Desportiva (exemplo: COJDD — Resolução n. 03/2006 do Conselho Estadual do Esporte e Lazer do Estado do Paraná), bem como o CNOJDD (Código Nacional de Organização da Justiça e Disciplina Desportiva) instituído pelo Ministério do Esporte, com o fim de ser aplicado nas competições por ele organizadas. Estes Códigos se arrimam nos mesmos princípios e têm disposições idênticas ao CBJD.

A Justiça Desportiva, na verdade, tem arrimo Constitucional. O art. 217[(1)] da Carta Magna, que trata do dever do Estado de fomentar o desporto

---

(1) Art. 217. É dever do Estado fomentar práticas desportivas formais e não-formais, como direito de cada um, observados:

I — a autonomia das entidades desportivas dirigentes e associações, quanto a sua organização e funcionamento;

II — a destinação de recursos públicos para a promoção prioritária do desporto educacional e, em casos específicos, para a do desporto de alto rendimento;

III — o tratamento diferenciado para o desporto profissional e o não-profissional;

IV — a proteção e o incentivo às manifestações desportivas de criação nacional.

§ 1º — O Poder Judiciário só admitirá ações relativas à disciplina e às competições desportivas após esgotarem-se as instâncias da Justiça Desportiva, regulada em lei.

§ 2º — A Justiça Desportiva terá o prazo máximo de sessenta dias, contados da instauração do processo, para proferir decisão final.

§ 3º — O Poder Público incentivará o lazer, como forma de promoção social.

como direito de cada cidadão, prevê também a autonomia da Justiça Desportiva, bem como a necessidade de esgotamento da instância desportiva para o acesso à Justiça comum, nas questões disciplinares e de organização das competições.

O Ministro do STF *Gilmar Mendes*(2), ao tratar da autonomia da Justiça Desportiva, enfatiza a garantia constitucional de acesso ao Judiciário, ressaltando, porém, a exceção em relação às questões de competência da Justiça Desportiva:" *A Constituição de 1988 retoma a idéia de supremacia judicial e reforça as garantias do Judiciário. Curioso, entretanto,que, quando se tratou da Justiça Desportiva, o texto Constitucional do § 1º do art. 217 consagrou uma exceção, praticamente a única que se conhece no nosso modelo fortemente garantista...*"

O Professor *Álvaro Melo Filho*, referindo-se à constitucionalização da Justiça Desportiva e de sua necessidade no contexto judiciário brasileiro, escreve:

> "A constitucionalização da Justiça Desportiva tornou-se necessária face ao crônico congestionamento da Justiça Estatal que, regra geral, perturba o normal andamento, continuidade e dinâmicas das disputas desportivas, trazendo mais problemas do que soluções. Demais disso, há um evidente despreparo da Justiça Comum para o trato das questões jus-desportivas que exigem dos julgadores o conhecimento e a vivência de normas e práticas desportivas, dado que não estão familiarizados com as nuances e peculiaridades dos regulamentos desportivos, de que são exemplos concretos:
>
> Magistrado, em Rondônia, concedeu *habeas corpus* para que um jogador, suspenso por cinco partidas, pudesse atuar em jogo decisivo, alegando que se tratava da 'liberdade de ir e vir dentro de campo';
>
> Um magistrado em Maceió em processo cautelar, concedeu liminar impedindo que a Federação local escalasse o árbitro 'X' para apitar o jogo decisivo do campeonato Alagoano de Futebol, fundamentando seu despacho na 'duvidosa e temerária imparcialidade do árbitro'"(3);

Nesse contexto, assim como atletas, dirigentes, clubes e outros entes desportivos são julgados pela Justiça Desportiva, com aplicações de sanções disciplinares e pecuniárias, os árbitros também estão sujeitos a tais julgamentos. O CBJD, além das sanções previstas por atos praticados contra os árbitros, também traz previsão de penas aplicáveis aos

---

(2) *Op. cit.*, p. 341-342.

(3) *Curso de direito desportivo sistêmico*. p. 356.

árbitros de futebol, inclusive em capítulo específico. Oportuno referir expressamente os principais artigos em que podem ser enquadrados os árbitros:

"Art. 187 Ofender moralmente:

I — pessoa subordinada ou vinculada à entidade desportiva, por fato ligado ao desporto;

PENA: suspensão de 30 (trinta) a 120 (cento e vinte) dias.

II — árbitro ou auxiliar em função;

PENA: suspensão de 30 (trinta) a 180 (cento e oitenta) dias.

III — membros de Órgãos Judicantes ou autoridades públicas;

PENA: suspensão de 60 (sessenta) a 360 (trezentos e sessenta dias) dias.

§ 1º A ofensa moral, quando praticada por árbitro ou auxiliar em função, será punida com suspensão de 60 (sessenta) a 360 (trezentos e sessenta) dias.

§ 2º A ofensa moral que consistir em ato discriminatório decorrente de preconceito em razão de origem étnica, raça, sexo, cor, idade, condição de pessoa idosa ou portadora de deficiência será punida com suspensão de 1 (um) a 3 (três) anos, não se aplicando o disposto no parágrafo único do art. 172 deste Código.

§ 3º A entidade de prática desportiva a que pertencer a pessoa física praticante da conduta descrita no parágrafo anterior será punida com multa de R$ 10.000,00 (dez mil reais) a R$ 200.000,00 (duzentos mil reais) e perda do mando de campo de uma a dez partidas, provas ou equivalentes quando participante de competição oficial e perda do dobro do número de pontos previstos no regulamento da competição para o caso de vitória e, na reincidência, a exclusão de campeonato ou torneio.

§ 4º Não sendo possível aplicar-se a regra prevista no parágrafo anterior em face da forma de disputa da competição, a entidade de prática desportiva será punida com a exclusão de competição ou torneio.

§ 5º Na hipótese da aplicação da pena de perda do dobro do número de pontos prevista no § 3º deste artigo, fica mantido o resultado da partida, prova ou equivalente para todos os efeitos previstos no regulamento da competição e a entidade de prática desportiva que ainda não tiver obtido pontos suficientes ficará com pontos negativos.

Art. 222 Prestar depoimento falso perante a Justiça Desportiva.

PENA: suspensão de 90 (noventa) a 360 (trezentos e sessenta) dias e, na reincidência, eliminação.

Parágrafo único. A infração deixa de ser punível se o agente, antes do julgamento, se retrata e declara a verdade.

Art. 224 Deixar de comparecer, injustificadamente, ao órgão de Justiça Desportiva, quando regularmente intimado.

PENA: suspensão de 30 (trinta) a 240 (duzentos e quarenta) dias.

Art. 234 Falsificar, no todo ou em parte, documento público ou particular, omitir declaração que nele deveria constar, inserir ou fazer inserir declaração falsa ou diversa da que deveria ser escrita, para o fim de usá-lo perante a Justiça Desportiva ou entidade desportiva.

PENA: suspensão de 180 (cento e oitenta) a 720 (setecentos e vinte) dias e eliminação na reincidência.

§ 1º Nas mesmas penas incorrerá quem fizer uso do documento falsificado na forma deste artigo, conhecendo-lhe a falsidade.

§ 2º No caso de falsidade de documento público, após o trânsito em julgado da decisão que a reconhecer, o presidente do órgão judicante encaminhará ao Ministério Público os elementos necessários à apuração da responsabilidade criminal.

§ 3º Equipara-se a documento, para os efeitos deste artigo, as provas fotográficas, fonográficas, cinematográficas, de vídeo tape e as imagens fixadas por qualquer meio eletrônico.

Art. 241 Dar ou prometer qualquer vantagem a árbitro ou auxiliar de arbitragem para que influa no resultado da partida, prova ou equivalente.

PENA: eliminação.

Parágrafo único. Na mesma pena incorrerá:

I — o intermediário;

II — o árbitro e o auxiliar de arbitragem que aceitarem a vantagem."

O CBJD também tem capítulo específico que trata das infrações praticadas por árbitros, auxiliares e delegados, com previsão de penas pecuniárias e de suspensão por prazo,quando ocorrerem tais fatos tipificados:

"Art. 259 Deixar de observar as regras da modalidade.

PENA: suspensão de 30 (trinta) a 120 (cento e vinte) dias e, na reincidência, suspensão de 120(cento e vinte) a 240 (duzentos e quarenta) dias.

Parágrafo único. A partida, prova ou equivalente poderá ser anulada se ocorrer,comprovadamente, erro de direito.

Art. 260 Omitir-se no dever de prevenir ou de coibir violência ou animosidade entre os atletas, no curso da competição.

PENA: suspensão de 60 (sessenta) a 180 (cento e oitenta) dias e, na reincidência, suspensão de 180 (cento e oitenta) a 360 (trezentos e sessenta) dias.

Art. 261 Não se apresentar devidamente uniformizado ou apresentar-se sem o material necessário ao desempenho das suas atribuições:

PENA: suspensão de 10 (dez) a 90 (noventa) dias.

Art. 262 Deixar de apresentar-se, sem justo motivo, no local destinado a realização da partida, prova ou equivalente com a antecedência mínima exigida no regulamento para o início da competição.

PENA: multa de até R$ 1.000,00 (mil reais).

Art. 263 Deixar de comunicar à autoridade competente, em tempo oportuno, que não se encontra em condições de exercer suas atribuições.

PENA: suspensão de 10 (dez) a 90 (noventa) dias.

Art. 264 Não conferir documento de identificação das pessoas físicas constantes da súmula ou equivalente.

PENA: suspensão de 30 (trinta) a 90 (noventa) dias.

Parágrafo único. Quando da omissão resultar a anulação da partida, prova ou equivalente ou desclassificação do atleta, a pena será de suspensão de 60 (sessenta) a 120 (cento e vinte) dias.

Art. 265 Deixar de entregar ao órgão competente, no prazo legal, os documentos da partida, prova ou equivalente, regularmente preenchidos.

PENA: suspensão de 30 (trinta) a 90 (noventa) dias.

Art. 266 Deixar de relatar as ocorrências disciplinares da partida, prova ou equivalente, ou fazê-lo de modo a impossibilitar ou dificultar a punição de infratores, deturpar os fatos ocorridos ou fazer constar fatos que não tenha presenciado.

PENA: suspensão de 60 (sessenta) a 360 (trezentos e sessenta) dias.

Art. 267 Deixar de solicitar às autoridades competentes as providências necessárias à segurança individual de atletas e auxiliares ou deixar de interromper a partida, caso venham a faltar essas garantias.

PENA: suspensão de 60 (sessenta) a 360 (trezentos e sessenta) dias.

Art. 268 Dar início à partida, prova ou equivalente, ou não interrompê-la quando, no local exclusivo destinado a sua prática, houver qualquer pessoa que não as previstas nas regras das modalidades, regulamentos e normas da competição.

PENA: suspensão de 120 (cento e vinte) a 360 (trezentos e sessenta) dias.

Parágrafo único. Quando da infração resultarem ocorrências graves, a pena será de suspensão de 1 (um) a 2 (dois) anos.

Art. 269 Recusar-se, injustificadamente, a iniciar a partida, prova ou equivalente, ou abandoná-la antes do seu término.

PENA: suspensão de 60 (sessenta) a 180 (cento e oitenta) dias.

Art. 270 Dar publicidade a documento sem que esteja autorizado a fazê-lo.

PENA: suspensão de 30 (trinta) a 90 (noventa) dias.

Art. 271 Manifestar-se, publicamente, de forma desrespeitosa ou ofensiva sobre a atuação de árbitros ou auxiliares, bem como sobre o desempenho de atletas e equipes.

PENA: suspensão de 60 (sessenta) a 120 (cento e vinte) dias.

Art. 272 Assumir em praças desportivas, antes, durante ou depois da partida, atitude contrária à disciplina ou à moral desportiva.

PENA: suspensão de 60 (sessenta) a 120 (cento e vinte) dias.

Art. 273 Praticar atos com excesso ou abuso de autoridade.

PENA: suspensão de 60 (sessenta) a 180 (cento e oitenta) dias.

Art. 275 Proceder de forma atentatória à dignidade do desporto, com o fim de alterar resultado de competição.

PENA: eliminação.

Parágrafo único. Se do procedimento resultar a alteração pretendida, o órgão judicante anulará a partida, prova ou equivalente.

Art. 278 Ameaçar alguém, por palavra, escrito ou gestos ou por qualquer outro meio,causar-lhe mal injusto ou grave.

PENA: suspensão de 30 (trinta) a 120 (cento e vinte) dias."

O artigo que arrima a maior parte das denúncias contra árbitros é o 266 do CBJD, ou seja, aquele em que os relatos dos fatos que podem gerar punição aos envolvidos não forem feitos de forma adequada. O referido artigo tem origem no art. 321 do CBDF, que previa suspensão de dez a noventa dias para o árbitro que deixasse de relatar as ocorrências disciplinares da partida ou relatasse-as de modo incompleto, a impossibilitar ou dificultar a punição dos infratores. Na Resolução n. 1 do Conselho Nacional do Esporte-CNE, de 23 de dezembro de 2003 e que editou o CBJD, o art. 266 tinha previsão de pena de suspensão de 120 a 720 dias. Entretanto, por sugestão do autor deste livro, em 17 de novembro de 2005, à Comissão de Revisão do CBJD do Ministério do Esporte, que elaborou as alterações e aperfeiçoamentos introduzidas pela Portaria n. 11, de 31 de março de 2006, publicada no DOU da mesma data, a pena foi reduzida para 60 a 360 dias, o que se encontra atualmente em vigor.

O CBJD também contém artigos que tratam da questão do *doping*, tão presente no cenário desportivo em geral, principalmente nos esportes de alto rendimento, como é o caso do futebol. Os fins (vitórias e recordes), na filosofia de alguns, precisam ser atingidos a qualquer custo, inclusive com utilização de meios ilícitos para aumentar o desempenho dos atletas. Entre os árbitros, felizmente, ainda não se tem notícia de utilização de produtos ou métodos enquadrados como dopagem.

Diante de tudo disso, é importante que os árbitros e seus assistentes, além de terem uma boa atuação no campo de jogo, elaborem súmulas e relatórios com os detalhes dos fatos acontecidos, especialmente a descrição adequada dos respectivos fatos geradores.

2.2. O relatório do árbitro do futebol à luz do CBJD e do estatuto do torcedor

2.2.1. Breves considerações introdutórias

A figura do árbitro sempre foi e é o centro de críticas e debates de torcedores, dirigentes, jogadores e jornalistas que "gravitam" em torno do futebol. É oportuno repisar que o árbitro, embora seja peça fundamental e indispensável às partidas de futebol, desenvolve atividade que, no Brasil, ainda se caracteriza pelo mais absoluto amadorismo. Enquanto os jogadores se submetem, diariamente, à preparação física, técnica e psicológica, visando a um aperfeiçoamento profissional constante, muitos árbitros treinam individualmente e por conta própria, sem a estrutura necessária para o preparo que se espera de um juiz de fato. Mesmo assim, o nível da arbitragem no Brasil está entre os melhores do mundo.

A preparação de árbitros está restrita, hoje, praticamente a algumas Associações e Sindicatos, já que muitas Federações Estaduais de Futebol afastaram-se dessa tarefa, para evitar o reconhecimento do vínculo empregatício. A Escola Nacional de Árbitros, ligada à Confederação Brasileira de Futebol, também não decolou, limitando-se a promover esparsos seminários de atualização. As faculdades de Educação Física, por sua vez, embora o futebol seja o esporte mais popular no país, são avessas à formação de árbitros de futebol, preferindo enveredar por outros esportes, tais como: atletismo, vôlei e basquete. Pouco se evoluiu, nos últimos anos, em matéria de treinamento específico de árbitros e respectivos assistentes. Um dia, quem sabe, acordarão as Universidades para a necessidade de formação e profissionalização dos árbitros de futebol no Brasil, esporte que demanda investimentos milionários e que tem torcedores e apaixonados em todos os recantos deste País.

Conforme anteriormente referido, a Lei Zico continha norma sobre a constituição de associações, recrutamento e formação de árbitros, o que foi ratificado pela Lei Pelé.

O Estatuto de Defesa do Torcedor também contém normas a respeito da arbitragem esportiva, dizendo que "é direito do torcedor que a arbitragem das competições desportivas seja independente, imparcial, previamente remunerada e isenta de pressões". E diz também que: "é direito do torcedor que os árbitros de cada partida sejam escolhidos mediante sorteio, dentre aqueles previamente selecionados e que esse sorteio será realizado no mínimo quarenta e oito horas antes de cada rodada, em local e data previamente definidos, aberto ao público e com ampla divulgação".

A preocupação com a transparência e a publicidade na escolha de árbitros, inclusive no futebol, vem estampada na nova legislação, vencendo a resistência de dirigentes e feudos que se instalaram em algumas entidades. Paralelamente, os árbitros, enquanto aguardam o reconhecimento legal e a regulamentação da respectiva profissão que tramita no Congresso Nacional, deverão tratar de se aperfeiçoar, inclusive no preenchimento de súmulas e relatórios, para que o torcedor e os demais envolvidos nos espetáculos esportivos não frustrem a sua expectativa de ver "mediadores" preparados, neutros e competentes. Só assim os árbitros serão reconhecidos e respeitados, não só dentro dos campos ou das quadras em que atuam, mas também na sociedade.

2.2.2. Súmula e relatório

A súmula é o documento que deve espelhar todos os detalhes e incidentes de uma partida de futebol. Constitui-se de informações padronizadas e objetivas. O Professor e atual Procurador-Geral do Superior Tribunal de Justiça Desportiva do Futebol, com sede na cidade do Rio de Janeiro, *Paulo Schmitt*, esclarece que *"Súmulas são documentos oficiais que resumem dados técnicos de partidas, provas ou equivalentes das mais variadas modalidades esportivas"*[4].

A *Revista Placar*, edição de maio de 1996, ao tratar das "Bobagens que os juízes escrevem nas súmulas", p. 35, diz que *"a súmula foi feita para o juiz contar tudo o que aconteceu de importante numa partida. O tempo dos gols, os cartões amarelos e vermelhos, as discussões em campo. Para a Justiça Desportiva, o relatório do árbitro é um documento fundamental para tomar as suas decisões. Um jogador pode pegar uma suspensão mais ou menos pesada com base no que o árbitro escreveu. Para o torcedor, porém, a leitura da súmula revela um outro mundo. Ali estão, com todas as letras, os palavrões que os jogadores soltam para cima dos juízes — e que ninguém, na arquibancada ou na televisão, ouve —, a descrição das brigas e a justificativa para cada atitude polêmica dos homens de preto."*

A súmula é complementada obrigatoriamente pelo relatório do árbitro. *Paulo Schmitt*[5] denomina tal documento de "Relatório Arbitral", que não parece ser a denominação mais adequada. É que o chamado "relatório arbitral" constitui um dos Requisitos da Sentença Arbitral (art. 26, inciso I da Lei n. 9.307/96), que trata da arbitragem como forma de resolução de conflitos. Arbitragem que, por sua vez, também é usada por organismos internacionais ligados ao esporte para resolver conflitos e julgar casos de *doping*, cujas decisões também contêm o relatório arbitral dos fatos em apreciação. Diante disso, parece mais adequado denominar o documento em questão de relatório do árbitro de futebol. Se, num mesmo evento,

(4) *Curso de justiça desportiva* — fl. 126.

(5) *Op. cit.*

houver relatórios de outros "personagens", tais como delegados da partida, coordenadores etc., estes também não podem ser denominados de Relatórios Arbitrais, já que não o são, devendo ser identificados e denominados com o nome adequado.

Mesmo assim, e pela importância que cerca os Relatórios dos Árbitros no âmbito da Justiça Desportiva, oportuno lembrar o que escreve *Paulo Schmitt*(6) a respeito, quando trata da presunção relativa de veracidade de tais documentos: *"os relatórios arbitrais encerram anotações sobre anormalidades ocorridas durante a realização das partidas (conduta do público, por exemplo), assim como a descrição fática das sanções técnicas aplicadas, especialmente nas hipóteses de expulsões de atletas, técnicos e dirigentes."*

A FIFA adota o Relatório de Árbitros (Referee's Report), com cerca de 21 (vinte e um) itens bastante simples. Numa expulsão, é relatado: o número e o nome do jogador, a equipe a que pertence, o tempo de jogo e, sucintamente, os motivos da expulsão. No julgamento, evidentemente, são utilizadas outras provas, tais como vídeos e relatórios de delegados e observadores.

No Brasil, grande dificuldade dos árbitros tem sido a redação do relatório. É importante que os acontecimentos de uma partida (o árbitro e seus auxiliares estão oficialmente vinculados à competição para a qual foram escalados desde o momento da escala até o término do prazo fixado para a entrega dos documentos da competição na entidade — art. 252, § 1º do CBDJ. Tudo que acontecer dentro desse período pode estar relacionado com o jogo e deve ser relatado, inclusive ofensas de atletas e dirigentes após a partida) sejam relatados com *fidelidade* e objetividade, eis que o Tribunal Desportivo levará em conta o que for relatado pelo árbitro (art. 58 da CBJD). A propósito, importante consignar que a Federação Gaúcha de Futebol introduziu, recentemente, a chamada "súmula *on line*", que permite ao árbitro o preenchimento em computador ou *lap top*, bem como a sua transmissão à entidade dirigente "via sistema".

2.2.3. A descrição do fato gerador

Alguns árbitros têm sido punidos pela Justiça Desportiva, porque omitem fatos relacionados à partida em que atuaram ou porque fazem relatos incompletos.

Embora o art. 58 do CBJD enfatize a "presunção relativa de veracidade" da súmula e do relatório dos árbitros, estes ainda constituem-se na principal prova no processo desportivo, servindo de base à formulação da denúncia pela Procuradoria da Justiça Desportiva.

(6) *Op. cit.*, p. 126.

Um relatório falho ou omisso pode gerar distorções e impunidades, dificultando a ação de órgãos, especialmente da Justiça Desportiva, que tem a incumbência de julgar os fatos e os infratores. Justiça Desportiva, aliás, que assumiu importância ainda maior depois da promulgação da atual Constituição Federal Brasileira de 1988, eis que reconhecida sua autonomia e independência em relação ao Poder Judiciário, conforme art. 217 e parágrafos, acima transcritos.

É fundamental, pois, que o "juiz do jogo" descreva o "fato gerador" com as características exigidas pela legislação em vigor, para que:

a) os infratores possam ser julgados adequadamente;

b) o árbitro e auxiliares não incidam na infração do art. 266 e outros do CBJD.

A propósito, a Portaria n. 27/84 do MEC, referindo-se à expulsão e às advertências de jogadores, já orientava sobre os procedimentos e as anotações a respeito de infrações:

> "Art. 2º — O árbitro da partida é obrigado a registrar na súmula o nome e o número dos atletas expulsos de campo e a descrever o fato gerador da expulsão, com os requisitos exigidos pelo Código Brasileiro Disciplinar do Futebol.
>
> Parágrafo único — A expulsão será assinalada com a exibição de "cartão vermelho".
>
> Art. 11 — O árbitro da partida fica obrigado a registrar na súmula o nome e o número dos atletas advertidos e a descrever o fato gerador da advertência.
>
> Parágrafo único — A advertência de atleta será assinada pelo árbitro com a exibição de "cartão amarelo"".

Quais são, então, os requisitos exigidos pelo CBJD? Analisados alguns artigos do referido Código, constataremos que certas circunstâncias, quando não qualificarem a própria infração, podem atenuar ou agravar a pena dos infratores, pois:

> "Art. 179. São circunstâncias que agravam a penalidade a ser aplicada, quando não constituem ou qualificam a infração:
>
> I — ter sido praticada com o concurso de outrem;
>
> II — ter sido praticada com o uso de instrumento ou objeto lesivo;
>
> III — ter o infrator de qualquer modo, concorrido para a prática de infração mais grave;
>
> IV — ter causado prejuízo patrimonial ou financeiro;
>
> V — ser o infrator, membro ou auxiliar da Justiça Desportiva, membros de poderes das entidades ou representante;
>
> VI — ser o infrator reincidente.

§ 1º Verifica-se a reincidência quando o infrator comete nova infração, depois de transitar em julgado a decisão que o haja punido anteriormente.

§ 2º Para efeito de reincidência, não prevalece a condenação anterior, se entre a data do cumprimento ou execução da pena e a infração posterior tiver ocorrido período de tempo superior a 1 (um) ano. (A Resolução n. 11 do CNE reduziu o prazo que, anteriormente, era de dois anos).

Art. 180. São circunstâncias que sempre atenuam a penalidade:

I — ser o infrator menor de 18 (dezoito) anos, na data da infração;

II — ter o infrator prestado relevante serviço ao desporto;

III — ter sido o infrator agraciado com prêmio conferido na forma das leis do desporto;

IV — não ter o infrator sofrido qualquer punição nos doze meses imediatamente anteriores à data do julgamento;

V — ter sido a infração cometida em desafronta a grave ofensa moral;

VI — ter o infrator confessado infração atribuída a outrem."

No capítulo que trata das infrações dos atletas, por exemplo, diz o art. 254 do CBJD: *"Praticar jogada violenta, PENA: suspensão de 2 (duas) a 6 (seis) partidas, provas ou equivalentes"*. É importante relatar a extensão da lesão e se o atingido teve condições de continuar no jogo.

Diante do exposto, podemos concluir que os requisitos exigidos pelo CBJD são aqueles que caracterizam a infração, como: atingir, com um chute, um adversário, na canela direita, causando-lhe fratura exposta, na presença da bola, mais as circunstâncias agravantes ou atenuantes (exemplo: infração cometida com o auxílio de objeto não permitido como equipamento para o jogador).

Assim:

a) na expulsão de atletas, é obrigatório o registro do nome, equipe e número do jogador ou jogadores expulsos, bem como as demais circunstâncias, tais como:

- o tempo de jogo;
- se a infração foi praticada na presença ou ausência da bola;
- se o atleta já havia sido advertido anteriormente;
- a atitude do jogador após a expulsão (se ofendeu o árbitro, citar as palavras; se tentou agressão; se incitou a torcida a invadir o campo etc.);
- se houve a participação ou envolvimento de outros atletas;
- se a infração foi praticada em revide ou em desafronta à ofensa moral;

• havendo agressão ou jogo violento: o local em que a vítima foi atingida e se houve lesão grave; se o atingido pôde continuar jogando; se houve registro de ocorrência policial ou exame de lesões corporais;

• acaso o árbitro não tenha presenciado os fatos ou o início dos mesmos, que puniu com base nas informações do seu auxiliar fulano de tal(o qual deverá fazer relatório);

• se os infratores são menores de 18 anos ou amadores.

b) No que se refere a outros acontecimentos: briga generalizada entre jogadores; invasão de campo por dirigentes ou torcedores; agressões a árbitros e auxiliares; tumultos; arremesso de objetos no gramado; tentativas de suborno, ameaças etc., o relato deve ser pormenorizado e, sempre que possível, com a identificação dos causadores ou participantes das hostilidades (havendo agressão a árbitro ou auxiliar com lesões; ferimentos em árbitros e auxiliares causados por objetos da torcida, etc., é conveniente registrar ocorrência policial e fazer exame de lesões — documentos que devem acompanhar o relatório do árbitro). Nesses casos, é importante que os assistentes/auxiliares e o quarto árbitro também façam relatório a ser encaminhado à entidade responsável pela organização do evento. Quando objetos são arremessados no gramado, em jogadores, dirigentes ou árbitros, além do relato pormenorizado, é importante recolher os objetos ou alguns exemplares e anexá-los ao Relatório da partida.

Com relação ao tempo de jogo, as orientações geralmente traçadas pela FIFA direcionam no sentido de que o tempo de jogo deve ser relatado sem considerar o intervalo entre as duas etapas (exemplo: aos 85 minutos de jogo, o atleta tal...). Isso, entretanto, pode gerar problemas e inexatidões. Ora, se houver acréscimos no primeiro tempo e nesse interregno ocorrerem fatos relevantes, qual o tempo de jogo a ser relatado? Ou depois dos 90 minutos? Considerando que a regra VII das Regras de jogo diz que *"a duração da partida compreenderá dois períodos iguais de 45 minutos"*, o relato correto e adequado do tempo deve levar em conta esse aspecto. Diante disso, o relatório, para ser preciso, exato e fiel, deve dizer, por exemplo: aos 10 minutos do primeiro tempo; ou, aos 48 minutos do primeiro tempo, já nos acréscimos, ou, aos 30 minutos do segundo tempo, ou, aos 47 minutos do segundo tempo, já nos acréscimos, ou, no intervalo aconteceu tal fato.

A CBF divulgou, em 2007, o manual de redação de súmulas, com dois objetivos básicos: chamar a atenção dos árbitros para a importância do correto preenchimento de súmulas e relatórios, e padronizar o preenchimento de súmulas e relatórios das competições coordenadas pela entidade nacional. O documento contém, inclusive, orientações e modelos de preenchimento e confecção de relatórios pelos árbitros, nos quais se adota a menção ao tempo de jogo conforme sustentado acima pelo autor. Como crítica construtiva a tal iniciativa elogiável e importante, cabe registrar a ausência de orientação mais específica para os "relatórios de corroboração" confeccionados pelos assistentes e o quarto árbitro, quando os fatos e as circunstâncias assim o exigirem.

Quando se tratar de tentativa de suborno a árbitro, é importante que o relato seja minucioso, citando provas da sua materialização, tais como: o valor oferecido, as testemunhas que presenciaram o fato, o local e a forma como ocorreu, e outros detalhes que permitam a identificação dos envolvidos.

É importante esclarecer, ainda, que deve o árbitro abster-se de apontar culpados ou dizer que atuaram em legítima defesa, agrediram ou usaram palavras de baixo calão. O importante e fundamental é narrar, com fidelidade, os fatos e registrar as palavras ofensivas, isto é, relatar o que aconteceu e como aconteceu, para que a Justiça Desportiva decida se houve a infração, agressão, legítima defesa, etc. Enfim, JULGUE.

2.2.4. Relatório, súmula e estatuto do torcedor

Abstraída qualquer discussão sobre eventuais inconstitucionalidades contidas na Lei n. 10.671, de 15 de maio de 2003, é oportuno referir algumas disposições do estatuto do torcedor, que dizem respeito ao tema, a saber:

> "Art. 11. É direito do torcedor que o árbitro e seus auxiliares entreguem, em até quatro horas contadas do término da partida, a súmula e os relatórios da partida ao representante da entidade responsável pela organização da competição.
>
> § 1º Em casos excepcionais, de grave tumulto ou necessidade de laudo médico, os relatórios da partida poderão ser complementados em até vinte e quatro horas após o seu término.
>
> § 2º A súmula e os relatórios da partida serão elaborados em três vias, de igual teor e forma, devidamente assinadas pelo árbitro, auxiliares e pelo representante da entidade responsável pela organização da competição.
>
> § 3º A primeira via será acondicionada em envelope lacrado e ficará na posse de representante da entidade responsável pela organização da competição, que a encaminhará ao setor competente da respectiva entidade até as treze horas do primeiro dia útil subseqüente.
>
> § 4º O lacre de que trata o § 3º será assinado pelo árbitro e seus auxiliares.
>
> § 5º A segunda via ficará na posse do árbitro da partida, servindo-lhe como recibo.
>
> § 6º A terceira via ficará na posse do representante da entidade responsável pela organização da competição, que a encaminhará ao Ouvidor da Competição até as treze horas do primeiro dia útil subseqüente, para imediata divulgação.

Art. 12. A entidade responsável pela organização da competição dará publicidade à súmula e aos relatórios da partida no sítio de que trata o parágrafo único do art. 5º até as quatorze horas do primeiro dia útil subseqüente ao da realização da partida."

Recomenda-se, pois, aos árbitros que entreguem a súmula e o respectivo relatório logo após a partida, quando isso é viável. Nos jogos realizados à noite, ou quando o representante da entidade não estiver presente ao jogo, ou quando houver necessidade de relatar fatos excepcionais, os documentos devem ser entregues até o fim do dia útil imediatamente posterior à realização do jogo. Isso evidentemente não impedirá que documentos adicionais e aditivos sejam elaborados pelos árbitros e enviados à respectiva entidade, nos dias subseqüentes, se as circunstâncias assim o exigirem. Os assistentes e o quarto árbitro devem fazer relatórios sobre fatos por eles presenciados ou quando ocorrerem incidentes graves.

Oportuno, ainda, transcrever outras disposições do Estatuto do Torcedor que dizem respeito aos árbitros e que podem eventualmente ser importantes para um bom desempenho ou preenchimento de documentos sobre os jogos:

"Art. 5º São assegurados ao torcedor a publicidade e transparência na organização das competições administradas pelas entidades de administração do desporto, bem como pelas ligas de que trata o art. 20 da Lei n. 9.615, de 24 de março de 1998.

Parágrafo Único-As entidades de que trata o *caput* farão publicar na *internet*, em sítio dedicado exclusivamente à competição, bem como afixar ostensivamente em local visível, em caracteres facilmente legíveis, do lado externo de todas as entradas do local onde de realiza o evento esportivo:

(...)

V — a escalação dos árbitros imediatamente após a sua definição.

Art. 30 — É direito do torcedor que a arbitragem das competições desportivas seja independente, imparcial, previamente remunerada e isenta de pressões.

Parágrafo Único — A remuneração do árbitro e de seus auxiliares será de responsabilidade da entidade de administração do desporto ou da Liga organizadora do evento esportivo.

Art. 31 — A entidade detentora do mando do jogo e seus dirigentes deverão convocar os agentes públicos de segurança, visando a garantia da integridade física do árbitro e de seus auxiliares.

Art. 32 — É direito do torcedor que os árbitros de cada partida sejam escolhidos mediante sorteio, dentre aqueles previamente selecionados.

§ 1º — O sorteio será realizado no mínimo quarenta e oito horas antes de cada rodada, em local e data previamente definidos.

§ 2º — O sorteio será aberto ao público, garantida sua ampla divulgação."

2.2.5. Anotações complementares

A súmula e o relatório dos árbitros de futebol constituem prova essencial à atuação da Justiça Desportiva, especialmente naqueles jogos em que não há filmagem, gravação ou transmissão pelos meios de comunicação. Por isso, devem os referidos documentos, além de serem encaminhados tempestivamente às respectivas entidades dirigentes, descrever os "fatos geradores" de maneira fiel e adequada, com os requisitos exigidos pelo Código Brasileiro de Justiça Desportiva. Relatórios incompletos e omissos podem desaguar na impunidade dos envolvidos e, conseqüentemente, na punição dos próprios árbitros.

Finalmente, é oportuno referir que o tema deve integrar os cursos de formação e reciclagem de árbitros, bem como constar da pauta permanente dos órgãos técnicos da CBF, das Federações Estaduais e Ligas, dos Sindicatos e Associações para que o futebol continue a ser um esporte sadio e moralizado, com punição exemplar e célere dos transgressores, sob pena de frustração de atletas, dirigentes, torcedores, árbitros e demais "envolvidos" no espetáculo.

2.3. A justiça desportiva e suas decisões específicas

A Justiça Desportiva no Brasil tem como órgão máximo o STJD (Superior Tribunal de Justiça Desportiva) em cada modalidade desportiva, para julgar os fatos ocorridos nas competições nacionais e interestaduais. O STJD do Futebol tem sede no Rio de Janeiro (RJ) e seu Tribunal Pleno é composto por nove AUDITORES, dos quais um é o Presidente e outro, o Vice-Presidente. Os auditores são indicados da seguinte forma: dois pela CBF; dois pelos clubes; dois advogados pela OAB; um auditor representante dos árbitros e indicado pela respectiva entidade representativa e dois representantes dos atletas, indicados pela respectiva entidade representativa. Junto ao STJD funcionam Comissões Disciplinares compostas, cada uma, por cinco auditores, para julgar as infrações em primeiro grau de jurisdição, das quais cabe Recurso ao Pleno daquele Tribunal. Junto ao Pleno e às Respectivas Comissões funciona a Procuradoria da Justiça Desportiva, a quem cabe oferecer as denúncias, emitir pareceres, requerer a instauração de inquéritos, interpor recursos e outras atribuições que o CBJD lhe confere. Assim, por exemplo, se um árbitro não relatar, ou relatar de forma incompleta, uma expulsão na súmula ou no relatório, num jogo do Campeonato Brasileiro, poderá ser denunciado com base no art. 266 do Código e julgado, inicialmente, por uma das Comissões Disciplinares, com possibilidade de recurso posterior, pelo árbitro ou pelo Procurador da Justiça Desportiva, para o Tribunal Pleno do STJD. Outros artigos, entretanto, servem e já serviram para apenar árbitros.

No Processo n. 040/05, por exemplo, que tramitou inicialmente na Primeira Comissão Disciplinar e posteriormente foi julgado, em grau de

Recurso, pelo Tribunal Pleno do STJD do Futebol, um árbitro, então do quadro da CBF e da FIFA, foi condenado à suspensão de 60(sessenta) dias, com base no art. 272 do CBJD, por ter se dirigido a atletas, durante um jogo, com as seguintes expressões: "vai tomar no teu cu". e "vai tomar no teu cu você e o Guilherme." O fato aconteceu durante um jogo do Campeonato Nacional de 2005 e foi apurado em razão de Queixa do Clube a que pertenciam os atletas, cuja investigação esteve a cargo de um Auditor do STJD.

Nos Estados, existem os Tribunais de Justiça Desportiva-TJD, que também são compostos por nove auditores, indicados da mesma forma que os integrantes do STJD, apenas com a diferença de que dois dos auditores são indicados pela respectiva Federação Estadual de Futebol. Funcionam, também, junto ao TJD as Comissões Disciplinares, que julgam a maioria das infrações e denúncias em primeiro grau. Há, também, a Procuradoria que atua em nível estadual. Assim, eventual denúncia contra árbitro que atua nos Campeonatos estaduais ou os promovidos pela respectiva Federação, dentro do seu respectivo Estado, é julgada pelas Comissões e Tribunal Pleno de cada TJD.

Oportuno relatar alguns casos de bastante repercussão nacional e até internacional, julgados pelo STJD nos últimos anos, de forma originária ou mediante recurso ou pedido de revisão. No ano de 2005 houve um "escândalo" envolvendo árbitros, dirigentes de clubes e dirigentes da Federação Paranaense de Futebol, com a acusação de favorecimento em escalas, pagamento de propina e manipulação de resultados nos campeonatos daquele Estado. Nessa situação foi instaurado o Inquérito n. 521/2005, presidido pelo Auditor *Octacílio Sacerdote Filho* do TJD do Futebol do Paraná, cujo Relatório Final apresentado em 22 de setembro de 2005 concluiu pela existência de diversas irregularidades relacionadas com a arbitragem de jogos de campeonatos paranaenses, especialmente da Segunda divisão, envolvendo diversos árbitros, dirigentes de alguns clubes e dirigentes da Federação Paranaense de Futebol, situação que havia sido denunciada pelo canal ESPN Brasil, em 28 de agosto de 2005. O "esquema" de manipulação de escalas de árbitros e, conseqüentemente, de resultados, com ramificações dentro da Federação Paranaense de Futebol, tinha como "epicentro" um "bar", nas imediações do Estádio Couto Pereira em Curitiba (PR), onde os envolvidos se reuniam periodicamente.

O fato também teve grande repercussão na imprensa. A *Revista Placar*, edição de novembro de 2005, trazia detalhes a respeito da investigação, ao tempo em que registrava que *"as investigações revelaram um esquema que seria praticado há pelo menos 10 anos por uma quadrilha"*, afirmando, ainda *"que o escândalo pode ter infectado a série B"*.

Em razão dos fatos apurados no inquérito acima referido, treze pessoas foram denunciadas e julgadas pelo TJD do Estado do Paraná. Depois disso, o STJD do Futebol reexaminou o caso em razão de diversos recursos interpostos pelos envolvidos e pela Procuradoria de Justiça Desportiva do TJD do Paraná.

O processo foi tombado sob n. 224/2005 no STJD, e foi relatado pelo Auditor *Eduardo Machado Costa* e julgado em 16 de fevereiro de 2006, com o seguinte resultado: *Genézio A. de Camargo* (Gerente de Futebol do A AER Foz do Iguaçu) — Eliminado do futebol; *Gilson Cézar Pacheco* (ex-dirigente do E.C. Marechalk) — Eliminado; *José Francisco de Oliveira* (árbitro) — Eliminado; *Silvio Gubert* (Diretor do Operário Ferroviário E.C) — Eliminado; *Antônio Oliveira Salazar Moreno* (árbitro) — Suspenso por dois anos; *Marcos Tadeu Silva Mafra* (árbitro) — Suspenso por dois anos; *Sandro César Rocha* (árbitro) — Suspenso por dois anos; *José Johelson Pissaia* (diretor da Federação Paranaense de Futebol) — Suspenso por dois anos; *Amoreti Carlos da Cruz* (ex-árbitro e Presidente do Sindicato dos Árbitros do Paraná) — Eliminado; *Antônio Carvalho* (Vice-Presidente da Comissão de Arbitragem da Federação) — Suspenso por dois anos; *Fernando Luis Homann* (Ex-Presidente da Comissão de Arbitragem da Federação) — Suspenso por dois anos. Os demais denunciados foram absolvidos.

Importante registrar, ainda, que, dos acima nominados, o ex-árbitro *Amoreti Carlos da Cruz* ingressou com Pedido de Revisão junto ao STJD (processo n. 007/2007), em janeiro de 2007, com fulcro nos arts. 34,VIII e 112 e seguintes do CBJD, mas não obteve êxito em alterar ou revisar a pena imposta a ele.

Outro caso de muita repercussão envolveu, dentre outros, o árbitro *Edilson Pereira de Carvalho* e o Campeonato Nacional de 2005. A *Revista Veja* publicou reportagem que ficou conhecida como "A máfia do apito". Em conseqüência dos fatos, foi instaurado Inquérito para sua apuração, presidido pelo Auditor *Marcus Henrique Pinto Basílio*, da 4ª Comissão Disciplinar do STJD (Inquérito n. 154/2005), que tinha como envolvido principal o árbitro acima referido. Mesmo durante o curso das investigações, o árbitro foi suspenso preventivamente pelo STJD, com base no art. 35 do CBJD.

A repercussão do fato ocupou jornais, rádios, televisões e outros meios de comunicação por meses. O colunista *Paulo Santana*, na edição de 26 de setembro de 2005 do *Jornal Zero Hora*, de Porto Alegre-RS, sobre o fato, escreveu:

> "O Campeonato brasileiro de futebol está sob suspeita. Um árbitro foi preso e algemado porque viciava os jogos, torcendo seus resultados, em troca de dinheiro. Árbitro da FIFA. Imaginem então os que não são da FIFA, muito mais vulneráveis podem ser ao aliciamento...

O escândalo é muito positivo porque põe por terra a tese antiga e arraigada, contra a qual sempre me debati, de que árbitro não muda resultado de jogo nem de campeonato. Os incautos e desavisados defendiam ardorosamente a idéia de que árbitro de futebol não se engaveta. Havia uma aura de respeitabilidade e falibilidade honrosa dos árbitros absolutamente indevida. Evidentemente que a grande maioria dos árbitros é idônea, quando falha é por erro técnico e não moral. Mas entre os árbitros, como em todas as profissões, há os que se vendem, há os que manipulam os lances, alguns por dinheiro, outros por paixão, outros por idiossincrasias, entre eles a inimizade pessoal.

Por incrível que pareça, este estrondoso escândalo vai valorizar a profissão de árbitro. Como exemplo, o Tevez do Corinthians foi adquirido por 22 milhões de dólares. E outros grandes negócios e grandes quantias em torno de jogadores. Com tanto interesse financeiro e passional em jogo numa competição, fica propício o enredo futebolístico para ser manchado pela corrupção. E um dos grandes alvos do assédio prevaricador é o árbitro. Daqui por diante, se cuidará mais de escolher árbitros de grande qualidade técnica mas de destacada envergadura moral. E com isso deverão ser aumentados os salários dos árbitros, eles têm grande responsabilidade na lisura das competições.."

A *Revista Placar*, edição de novembro de 2005, sobre as repercussões do fato, escrevia que: *"Juízes podem mudar um jogo, um campeonato e a história de um esporte que mexe com emoções e milhões. Mas o grande perigo, no Brasil, é que pouco se sabe sobre eles."*

Concluído o Inquérito, a Procuradoria ofereceu denúncia contra o árbitro, como incurso nas sanções dos arts. 241-II e 275 do CBJD. Paralelamente, requereu Medida Cautelar, objetivando a anulação dos onze jogos em que o referido árbitro atuou. A Medida Cautelar foi deferida (decisão de 1º de outubro de 2005, do Presidente do STJD *Luiz Zveiter*), e onze jogos foram anulados e novamente disputados, situação que mudou o rumo do Campeonato, que acabou vencido pelo EC Corinthians Paulista, causando muita polêmica. A decisão cautelar proferida, tecnicamente analisada, foi adequada e célere, e, no momento em que foi proferida, não era possível vislumbrar qualquer favorecimento a quem quer que fosse. O referido despacho analisou os requisitos do *fumus boni juris*(7) e do *periculum in mora*(8) e teve o seguinte dispositivo:

"Pelo exposto defiro a liminar:

(7) fumaça do bom direito.

(8) Perigo na demora da medida judicial.

1) anulando as 11 (onze) partidas arbitradas pelo Sr. Edilson Pereira de Carvalho na Série "A" do Campeonato Brasileiro de 2005, e determino sejam elas realizadas novamente, com os jogadores que integram, atualmente, o plantel de cada equipe, em datas a serem designadas pela Confederação Brasileira de Futebol, sem venda de ingressos e com os portões abertos dos respectivos Estádios onde serão disputadas as partidas para acesso do público, observando-se suas capacidades, devendo ser tomadas todas as medidas necessárias à plena segurança dos participantes do espetáculo, neles incluído o Torcedor;

2) como consequência da anulação, ficam anulados os gols e os Cartões Amarelos e Vermelhos eventualmente acontecidos nas referidas partidas, ficando esclarecido que:

a) se houver alguém recebido na partida anulada o 3º Cartão Amarelo e por força dele cumprido suspensão automática na partida subsequente, considera-se como zerado o Cartão Amarelo a partir desta partida, sem entretanto ser ele computado para todos os efeitos previstos no Regulamento da competição;

b) ficam mantidos os efeitos do cumprimento da suspensão automática decorrente da aplicação de Cartão Vermelho na partida anulada, sem entretanto ser ele computado, para todos os efeitos previstos no Regulamento da competição;

c) o jogador que à época da partida anulada, não tivesse condição de jogo, em razão de suspensão automática, expulsão ou cumprimento de penalidade aplicada pela Justiça Desportiva, não terá condição de jogo para a nova partida que será realizada, ficando esclarecido que os Clubes que tiverem mais de uma partida a disputar, o atleta que cumprir a automática na primeira partida passará a ter condição de jogo para a próxima partida, bem como aqueles cuja pena imposta pela Justiça Desportiva terminasse na partida anulada, somente deverão cumprir a pena na primeira partida;

d) o atleta que foi punido pela Justiça Desportiva por ato praticado na partida anulada, à exceção daqueles que caracterize as infrações previstas nos Capítulos II e III do Título IX, e as infrações que tenham como previsão de pena a eliminação, terá sua pena extinta, retirando-se de sua ficha de Antecedentes a respectiva anotação.

Intime-se a Confederação Brasileira de Futebol para cumprimento da presente Decisão, publicando-a."

No presente trabalho, entretanto, o enfoque que interessa é o relacionado ao desfecho, no âmbito desportivo, da denúncia formulada contra o árbitro *Edilson*.

Em sessão realizada em 17 de outubro de 2005, a Primeira Comissão Disciplinar do STJD acolheu, à unanimidade, a denúncia contra o árbitro e, com base nos arts. 241-II e 275 do CBJD, aplicou-lhe a pena de dupla eliminação, por considerar que os fatos apurados estavam plenamente configurados. O Tribunal Pleno do STJD reexaminou a questão em fase recursal (processo n. 195/2005), relatado pelo auditor *Rubens Approbato Machado*, que confirmou a eliminação do árbitro, entendendo que ele teve "comportamento criminoso, ora para beneficiar, mediante propina, terceiros, apostadores em *sites* clandestinos, até internacionais, ora para beneficiar a si próprio, em detrimento de seus corruptores, buscando ganhar a propina e o resultado da aposta, mostrando, desse modo, não ter limite o seu comportamento delinqüencial nas alterações premeditadas de resultados. Com a inteligência de um criminoso especializado e de um árbitro de categoria internacional, uma vez que se trata de árbitro da FIFA, sabia ele, como ninguém, alterar resultados, desestabilizando os atletas, decidindo lances duvidosos de acordo com seus interesses, mantendo-se, precavidamente, nos chamados erros de fato, na busca de procurar 'encobrir' esses seus atos criminosos."

O caso, volta e meia, continua sendo notícia nos meios de comunicação. Recentemente, alguns episódios têm "ressuscitado" a polêmica a respeito, seja em razão da divulgação de conversas telefônicas gravadas pela Polícia Federal em que o ex-Presidente do Sport Club Corinthians Paulista estaria a referir que o campeonato de 2005 teria sido "roubado", seja porque artigos e livros a respeito do assunto são publicados. Nessa esteira, foi lançado o livro *"Dossiê Corinthians"* (*Da máfia do apito ao tetracampeonato brasileiro do alvinegro paulista*), tendo com autores *Edson Weiss* e *Rafael Andrade Jardim*, editora Pillares. Diz o prefácio da obra que ali *"(...) é demonstrado como constantes equívocos dentro das quatro linhas e infelizes decisões no caso da Máfia do Apito tiraram a taça das mãos do Internacional e a entregaram ao Sport Club Corinthians Paulista em 2005."*

A referida obra, que inicialmente reconhece que a arbitragem de futebol é atividade difícil e de conseqüências imprevisíveis, citando casos de árbitros que tiveram de abandonar a atividade em razão de pressões e ameaças, relata casos de erros históricos e decisivos de árbitros, não só no Brasil, mas também em outros países e em competições da Copa do Mundo. Além disso, traz uma entrevista com o árbitro *Edílson Pereira de Carvalho*, em que ele, apesar de reconhecer que ganhou dinheiro com o esquema e que negociava alguns resultados, nega que o Corinthians tenha sido campeão por causa de "ajuda" das arbitragens.

Importante repisar que "escândalos na arbitragem de futebol" não acontecem só no Brasil. Na Alemanha, por exemplo, em 1971 e em 2005 houve casos da espécie. Em 1971, um grande esquema de corrupção foi descoberto, envolvendo dirigentes, atletas e árbitros, desaguando na punição a 53 atletas, seis árbitros e dois clubes. Em 2005, o árbitro *Robert Houyzer* admitiu que manipulou resultados e cooptava colegas para fazer o mesmo, pelo que foi banido do futebol. Na Itália, na temporada de 2002/2003, houve uma investigação, na região de Toscana, sobre cinco árbitros que estariam vendendo jogos, bem como recentes investigações no chamado "Novo Totonero" (na Alemanha, Itália e França as conseqüências implicaram punição de equipes, inclusive com rebaixamento, dirigentes e árbitros, bem como indenização a equipes prejudicadas com os "esquemas"). Inúmeros outros países já tiveram seus escândalos envolvendo arbitragens, tais como: Portugal, Rússia, Colômbia, Cingapura e a própria Finlândia. As chamadas "crises da arbitragem" são cíclicas e acontecem em muitos países, inclusive naqueles sob a Jurisdição da UEFA, como ocorreu, por exemplo, no ano de 2007. Felizmente, há notícias de preocupação com renovação e aperfeiçoamento dos árbitros em todo o mundo.

Conforme informa o professor *Alberto Inácio da Silva*, no artigo "Árbitro de Futebol e Legislação Aplicável", divulgado na CEVLEIS (<www.cev.org.br/cevleis> — consultado em 3.6.08), "De 1998 a 2002, 66 árbitros de futebol foram punidos na China, e oito deles foram banidos do esporte. A Federação Chinesa rebaixou alguns clubes, como punição no esquema de propina a árbitros, o clube Guangzhou Jili foi expulso da liga. As provas do esquema batizado como "apito negro" foram encaminhadas para a justiça comum (*KORTE*, 2002). Em 2003, *Gong Jianping*, um dos principais árbitros do futebol chinês, foi condenado a 10 anos de prisão pelo tribunal de Pequim, por aceitar suborno. De acordo com os jornalistas chineses, a pena foi considerada pequena, porque o árbitro confessou ter sido subornado."

Em Portugal, no desfecho do caso conhecido como "Apito Final", derivado do caso conhecido como "Apito Dourado", que apurou corrupção e coação sobre árbitros no Futebol Português nos anos de 2003 e 2004, a Comissão Disciplinar da Liga Portuguesa de Futebol Profissional puniu, em 2008, o FC Porto, com perda de seis pontos e multa de 150.000 euros, e o seu Presidente com suspensão de dois anos; o Boavista foi rebaixado de divisão e multado em 180.000 euros e seu ex-presidente foi suspenso por quatro anos e multado em 25.000 euros. Também foram suspensos os árbitros *Jacinto Paixão* (quatro anos) e *José Chilrito* e *Manuel Quadrado* (dois anos e meio). Em decisões sucessivas a respeito da mesma investigação, outros árbitros foram condenados a penas entre 20 meses e nove anos de suspensão, por falsificação e corrupção. E mais: em decisão de 4 de junho de 2008, a UEFA excluiu o FC Porto da próxima Copa dos Campeões da Europa por duas tentativas de suborno de árbitros no Campeonato Português, conforme noticiado acima (notícia *site* <www.terra.com.br> consultado em 4.6.08), decisão ainda sujeita a recurso no âmbito da Comissão de Apelação da própria UEFA.

Na Rússia, onde a corrupção é histórica e também se acha incorporada à cultura da população, a Federação tem lutado contra problemas de corrupção envolvendo os árbitros nacionais. Entretanto, as apurações e as punições são insignificantes. Para tentar amenizar a situação, a Federação tem trazido árbitros de outros países para apitar jogos importantes, como ocorreu nos anos de 2006 e 2007.

Importante consignar que, nos países em que o futebol é esporte muito praticado (Argentina, Portugal, Espanha, Itália etc.), a Justiça Desportiva está organizada de forma semelhante à do Brasil, com autonomia para aplicar penalidades na esfera administrativa/desportiva. Em Portugal, por exemplo, a Lei n. 01/90 (Lei de Bases do Sistema Desportivo) trata da Justiça Desportiva e sua autonomia no art. 25(9):

A imprensa argentina também vem noticiando, nos últimos meses, a possível existência de irregularidades relacionadas ao futebol daquele país. As denúncias, inicialmente apresentadas por dois advogados, solicitam investigações, no âmbito da Justiça Desportiva e da Justiça Federal Argentina, sobre decisões polêmicas de árbitros de futebol, que poderiam estar beneficiando alguns grandes clubes em torneios e campeonatos nacionais. O pedido de investigações sustenta igualmente a necessidade de investigação sobre a existência de *"lavagem de dinheiro no futebol"*, diante das notícias reiteradas de confirmação deste tipo de problema na Europa e em outros países, bem como a *"respeito dos critérios de escolha dos juízes das partidas"*. Os denunciantes também pediram à Secretaria de Esportes que cumpra sua função legal de vigilância e fiscalização em relação à AFA.

Diante de tudo o que foi exposto, é importante dizer que a Justiça Desportiva no Brasil é célere e eficiente e está em constante aperfeiçoamento, inclusive quanto à qualidade e independência de seus auditores componentes, bem como da respectiva procuradoria, embora, volta e meia, tome decisões polêmicas e de respaldo científico duvidoso. Nessa esteira, discorda-se da posição do Professor *Eduardo Viana* que, no seu livro mais recente *O poder, a sociedade e o estado*, vislumbra um retrocesso de mais de meio século da Justiça Desportiva em razão da edição da Lei Pelé.

O árbitro,por sua vez, na medida em que é a fonte de informação da maioria dos fatos geradores de denúncias, tem papel importante para a

(9) <www.portolegal.com/DesportoLei.htm> Consultado em: 12.10.07.

Art. 25. Justiça Desportiva

1. Sem prejuízo do disposto no número seguinte, as decisões e deliberações definitivas das entidades que integram o associativismo desportivo são impugnáveis, nos termos gerais de Direito.

2. As decisões e deliberações sobre questões estritamente desportivas que tenham por fundamento a violação de normas de natureza técnica ou de caracter disciplinar não são impugnáveis nem susceptíveis de recurso fora das instâncias competentes na ordem desportiva.

3. O Recurso contencioso e a respectiva decisão, não prejudicam os efeitos desportivos, entretanto validamente produzidos na seqüência da ultima decisão da instancia competente na ordem desportiva.

concretização de julgamentos justos e democráticos. Por outro lado, estará sempre sob o "crivo" do Tribunal quando tiver atitudes ou omissões capazes de apreciação.

As CDs e o Pleno do STJD julgam, periodicamente, denúncias envolvendo árbitros[10], com decisões céleres e arrimadas no CBJD. Ao

---

(10) 3ª — CD — sessão 26.9.07 —"Processo n. 128/2007 — Jogo: SC Corinthians Paulista X América FC (RN) — categoria profissional, realizado em 5 de setembro de 2007 — Campeonato Brasileiro — Serie A — Denunciado: Cláudio Mercante Júnior, árbitro, incurso nos arts. 259 e 266, ambos do CBJD. — Auditor Relator Dr. Luiz Tavares Correa Meyer.

Resultado: "Por unanimidade de votos, suspender por 30 dias, Cláudio Mercante Júnior, árbitro, por infração ao art. 259, e absolvê-lo quanto à imputação ao 266, ambos do CBJD".

STJD — Pleno — Sessão 27.9.07 — Processo n. 166/2007 — Recurso Voluntário — Recorrentes: Sr. Enéas Eugênio Aguiar, árbitro, Alexandre Santos Conceição, Assistente, Clever Assunção Gonçalves, árbitro, José Carlos de Souza, árbitro e Sergio Luiz Avelino — Recorrido: Quarta Comissão Disciplinar.

Auditor Relator: Dr. Alexandre Quadros.

Resultado: "Por unanimidade de votos, se conheceu dos recursos para no mérito, por maioria, negar-lhe provimento, mantendo a decisão da Quarta Comissão Disciplinar, suspendendo, pelo prazo de 120 (cento e vinte) dias, os árbitros Clever Assunção Gonçalves, Sergio Luiz Avelino, Eneas Eugenio Aguiar e Alexandre Santos Conceição, e, pelo prazo de 240 (duzentos e quarenta) dias, os árbitros José Carlos de Souza todos por infração ao art. 272, do CBJD, divergindo os Doutores José Mauro Couto de Assis e Paulo Valed Perry que davam-lhe provimento para absolver todos os recorrentes, Dr. Auditor Caio César Rocha dava parcial provimento aos recursos dos Srs. Enéas Eugênio Aguiar, Alexandre Santos Conceição e Sérgio Luis Avelino, minorando a pena aplicada para 60 (sessenta) dias e Dr. Eduardo Machado Costa se absteve de votar com relação ao árbitro Clever Assunção Gonçalves."

Obs. os árbitros foram denunciados por problemas na prestação de contas em relação ao valor de passagens, principalmente aéreas, de deslocamento para os locais dos jogos dos campeonatos brasileiros.

4ª — CD — Sessão 5.10.07 — Processo n. 113/2007 — Jogo: EC Santo André (SP) X Clube do Remo (PA) categoria profissional, realizado em 31 de 31 de agosto de 2007 — Campeonato Brasileiro — Serie B — Denunciado: Almir Belarmino Caetano, árbitro, incurso no art. 265 do CBJD — Auditor Relator Dra. Renata Quadros.

Resultado: "Por unanimidade de votos, suspender, por 45 dias, Almir Belarmino Caetano, árbitro, por infração ao art. 265 do CBJD".

STJD — Pleno Sessão de 18.10.07.

4. Processo n. 204/2007 — Recurso Voluntário — Recorrente: Sr. Françuar Fernandes da Silva, árbitro — Recorrido: Quarta Comissão Disciplinar.

Auditor Relator: Dr. Paulo Valey Perry.

Resultado: "Por Unanimidade de votos, se conheceu do Recurso, para, no mérito, dar-lhes provimento, absolvente o árbitro Françuar Fernandes da Silva, quanto à imputação ao art. 266 do CBJD".

3ª CD Sessão de 14.11.07.

Processo n. 170/2007 Jogo Coritiba FC (PR) x Vitória S/A (BA), categoria profissional realizado em 3 de novembro de 2007 — Campeonato Brasileiro — Serie B — Denunciado : Osvaldo Fumeiro Alvarez, técnico do Vitória S/A, incurso no art. 252 do CBJD, Luiz Fernando Acuna Egídio, atleta do Vitória S/A, incurso no art. 254 do CBJD; Edson Esperidião , árbitro, incurso no art. 266 do CBJD — Editor Realtor Dr. Aloysio Costa. Redistribuído para Dr. Mario Antonio Dantas de Oliveira Couto.

Resultado: "Por unanimidade de votos, Suspender por 30 dias, Osvaldo Fumeiro Alvarez, técnico do Vitória por infração do art. 252 do CBJD, suspender por 2 partidas Luiz Fernando Acuna Egídio, atleta do Vitória S/A, por infração ao art. 254 do CBJD; Absolver, Edson Esperidião, árbitro, quanto à imputação do art. 266 do CBJD. fonte: <www.cbfnews.uol.com.br/stjd>. Consultado em: 1.12.07.

julgar incidentes do jogo C. Náutico Capibaribe X Botafogo FR, realizado em 1º de junho de 2008, pelo Campeonato Brasileiro da Série A, no estádio do Náutico, em Recife (PE), a 3ª CD, em sessão de 11 de junho de 2008, cuja decisão está sujeita a recurso, aplicou penalidades ao jogador que causou o tumulto, aos clubes, à Federação Pernambucana e ao árbitro, este último por problemas quanto ao relato dos fatos e omissão com relação à segurança, cuja ementa foi lançada conforme abaixo (<www.cbfnews.com.br/STJD> consultado em 13 de junho de 2008). É evidente que o Pleno do Tribunal apreciou, com a celeridade que lhe é peculiar, os Recursos interpostos da decisão, esgotando a prestação jurisdicional no âmbito da Justiça Desportiva e tornando definitivo o apenamento ou absolvição dos denunciados. (O árbitro foi absolvido).

> "Processo n. 23/2008 — Jogo: CN Capibaribe (PE) X Botafogo FR
>
> (RJ) — categoria Profissional, realizado em 1º de junho de 2008 — Campeonato Brasileiro Série A — Denunciados: André Luiz Garcia, atleta do Botafogo FR, incurso nos arts. 250, 251, 252 e 258 todos do CBJD; CN Capibaribe, incurso nos arts. 206, 211 e 213 todos do CBJD; Federação Pernambucana de Futebol. Incursa no Art. 232 do CBJD duplamente; Botafogo FR, incurso no art. 215 do CBJD; Wilson Luiz Seneme, árbitro, incurso nos arts. 266 e 267, ambos do CBJD.
>
> Auditor Relator Dr. Mario Antonio Dantas de Oliveira Couto.
>
> Resultado: "Por unanimidade de votos, absolver, André Luiz Garcia, atleta do Botafogo FR, quanto a imputação ao art. 250 do CBJD e, suspende-lo por 5 partidas por infração ao Art. 258 do CBJD; por maioria de votos, suspender o referido atleta por 4 partidas, por infração ao art. 251 do CBJD e por 3 partidas por infração ao art. 252 do CBJD, totalizando 12 partidas de suspensão, contra os votos dos Auditores Drs. *Luiz Tavares* e *Aloysio Costa* que o absolvia; por unanimidade de votos, absolver o CN Capibaribe, quanto a imputação ao art. 206 do CBJD, multa-lo em R$ 10.000,00 e mantida a interdição do estádio, por infração ao Art. 211 do CBJD e multa-lo ainda, em R$ 30.000,00 mais a perda do mando de campo por 2 partidas, a serem cumpridas após a desinterdição do estádio, por infração ao art. 213 do CBJD; por maioria de votos, multar em R$ 2.000,00 a Federação Pernambucana de Futebol, por infração ao art. 232 do CBJD duplamente, contra o voto do Auditor Dr. Aloysio Costa que o absolvia; por unanimidade de votos, multar em R$ 9.000,00 o Botafogo FR, por infração ao art. 215 do CBJD; por maioria de votos, suspender por 120 dias, Wilson Luiz Seneme, árbitro, sendo 60 dias por infração ao art. 266 e 60 dias por infração ao 267, ambos do CBJD, contra os votos dos Auditores Drs. Luiz Tavares e Aloysio Costa, que o absolvia."

3

Responsabilidade Civil e Criminal

Os fatos que envolvem um árbitro durante a realização de eventos esportivos, além dos reflexos no "âmbito administrativo-disciplinar", sob a jurisdição da Justiça Desportiva, podem desaguar em conseqüências penais e cíveis. Aliás, o Judiciário brasileiro tem enfrentado ultimamente diversas questões da espécie, tendo árbitros de futebol como autores e réus. Do outro lado estão dirigentes de equipes, torcedores, jornalistas, editoras, veículos de comunicação, o Ministério Público etc.

A atividade de árbitro de futebol é complexa e exige muita preparação. Além das atividades em campo, onde não raro há 22 jogadores querendo tirar vantagem total de todos os lances, o "apitador" tem de administrar as questões extracampo, com dirigentes, segurança própria e de atletas e demais envolvidos na disputa, preenchimento de relatórios e súmulas e demais questões que envolvem a competição. Em diversas partes do mundo há preocupação com a segurança dos próprios árbitros que, volta e meia, são pressionados de forma ilegal e agredidos por jogadores, dirigentes e torcedores. A propósito, o ex-árbitro da FIFA e colunista *Renato Marsiglia* escreveu no Jornal O SUL de Porto Alegre (RS), edição de 14 de outubro de 2006, a respeito de tal tema:

> "Árbitro:profissão perigo. O Parlamento francês aprovou uma lei com o objetivo de proteger os árbitros contra atos de violência nos estádios de futebol. Agressão que provoque oito dias de baixa trabalhista num árbitro será punida com cinco anos de prisão e 75 mil euros de multa. Trezentos árbitros são agredidos por ano na França. E estamos falando de Primeiro Mundo! Ave!"

É que a França instituiu, como já dito, o chamado "Estatuto do Árbitro", efetivado por meio de alteração no Código Desportivo, em vigor desde janeiro de 2007, que contém medidas de proteção aos "desportistas-árbitros", prevendo sanções a quem ameaçá-los ou agredi-los, das quais destacamos:

— dois anos de prisão e 30.000 euros de multa a quem ameaçar o árbitro de agressão ou de morte;

— três anos de prisão e 45.000 euros de multa em caso de agressão que resultar em incapacidade para o trabalho por até oito dias;

— cinco anos de prisão e 75.000 euros de multa em caso de agressão que resultar em incapacidade para o trabalho por mais de oito dias.

Na esfera Criminal, as agressões físicas e verbais a árbitros de futebol geralmente são processadas e julgadas pelos Juizados Especiais Criminais (Lei n. 9.099/95), eis que considerados, de regra, "delitos de pequeno impacto ofensivo". Os árbitros, quando atingidos na sua integridade física ou moral, têm exercido o direito de representação junto aos JECRIMs, onde hoje tramitam inúmeros processos, principalmente em razão de agressão física de jogadores e dirigentes. Na maioria dos casos, os "réus" acabam aceitando o benefício da "transação penal" para a extinção dos processos(pagamento de cestas-básicas, auxílio a creches, pagamento de multa etc.). Alguns casos mais graves, entretanto, tramitam na Justiça Criminal, seja comum ou seja na esfera Federal, e chegam aos Tribunais, inclusive ao STJ[(1)].

Importante lembrar, a propósito, que os árbitros envolvidos na "máfia do apito" estão sendo processados criminalmente, pelo Ministério Público, por prática de crime contra a economia popular (Lei n. 1.521/51) e formação de quadrilha (art. 288 do Código Penal). A Legislação Penal Brasileira, por sua vez, não tipifica crimes da espécie, relacionados à corrupção desportiva no âmbito do esporte. Em Portugal, por exemplo, o Decreto-lei n. 390/91 contempla condutas criminais típicas relacionadas à corrupção no desporto, cujas penas podem chegar a quatro anos de prisão, tratando-se de crimes praticados por árbitros.

Oportuno registrar que atualmente existem, em diversos Estados brasileiros e especialmente nas capitais, os JECRIMs que funcionam junto aos Estádios de Futebol em dias de jogos, para resolver ou encaminhar os casos de delitos cometidos por torcedores e outros participantes

(1) REsp n. 214.089/SP Recurso Especial 1999/0041745-3. Relator: Ministro José Arnaldo da Fonseca. Órgão Julgador: 5ª Turma. 16.3.00. Data da Publicação 17.4.00. Ementa: Recurso Especial. Penal. Processo Penal. Alíneas *a* e *c* do permissivo constitucional. Estelionato. Clube de futebol. Esquema. Árbitros. Repórter que se identifica como terceiro. Gravação de conversa telefônica. Divulgação pela imprensa. Validade da prova. Não Comprovação do efetivo prejuízo sofrido pelas partes ou por terceiros. Reexame de provas.

Alínea *a*. A alegada violação aos arts. 171 e 43, I do Código de Processo Penal importa em reexame da matéria fática constante dos autos, o que é vedado no patamar deste apelo, conforme o enunciado da Súmula n. 07/STJ. Alínea *c*. Este Superior Tribunal de Justiça vem prestigiando a tese de que a gravação de conversa telefônica por um dos interlocutores não é interceptação telefônica, sendo lícita como prova no processo penal. Não há similitude entre os arestos em confronto, pois o caso *sub judice* possui uma peculiaridade. O repórter se apresentou como uma outra pessoa, (conhecida do interlocutor e opositor àquele ao qual pertencia outro co-réu). Dissídio não demonstrado. Recurso não conhecido.

do espetáculo. Tais juizados, compostos por juízes de Direito, promotores de Justiça e funcionários do Judiciário, também são competentes para apreciar eventuais casos de agressões morais e físicas praticadas por ou contra árbitros. Podem, pois, os árbitros ou seus auxiliares recorrer aos referidos Juizados para comunicar fatos ofensivos à integridade moral ou física, ocorridos antes, durante ou após a realização da partida.

No âmbito Cível, a questão da responsabilidade civil está em ampla discussão no Judiciário, seja porque os árbitros buscam reparação pelos danos materiais e morais de que são vítimas, seja porque, em outras situações, os mesmos são demandados em razão de seus erros no exercício da atividade. Sobre "erros dos árbitros", o ex-jogador da seleção brasileira e colunista *Paulo Roberto Falcão* escreveu, na edição de 2 de agosto de 1998 do *Jornal Zero Hora "Árbitro que corre muito e apita em cima do lance erra mais. A estranha conclusão é de um estudo da Universidade de Amsterdã. Os professores holandeses concluíram que um árbitro comete, em média, 23 erros por partida."*

Os árbitros de futebol têm ido à Justiça Comum buscar a reparação de danos, em razão de atos praticados por dirigentes, jogadores, jornalistas e outros entes ligados ao esporte. O professor *Alberto Inácio da Silva*, no artigo Árbitro de Futebol e Legislação Esportiva Aplicável (divulgado na CEVLEIS (<www.cev.org.br/cevleis> — consultado em 3.6.08) informa que "No ano de 2000, tramitavam cerca de 20 processos na justiça comum contra jogadores, técnicos e dirigentes de futebol, por conta de ofensa aos árbitros. Em 1995, o presidente do Flamengo, *Luiz Augusto Veloso*, foi condenado a pagar indenização ao árbitro *Paulo César Gomes*. O presidente acusava o árbitro de ter aceitado suborno de um time do Rio Grande do Sul. A notícia foi amplamente divulgada pela imprensa e, pelos danos morais, *Veloso* teve que pagar 300 salários mínimos da época. Já, em 1997, o técnico do Fluminense, *Valdir Espinosa*, culpou o árbitro *Carlos Elias Barros Pimentel* pelo que considerou um mau resultado de seu time. O árbitro recorreu à Justiça devido às declarações realizadas pelo técnico à imprensa, e a 4ª Vara Civil do Tribunal do Rio de Janeiro condenou *Espinosa* a pagar 30 salários mínimos (*Haidar*, 2000). O jogador *Junior Baiano* foi condenado pela 14ª Vara do Rio de Janeiro, a pagar uma indenização de 35 mil reais ao árbitro *Wagner Tardelli*, por haver xingado-o e feito gestos de roubo, após ter sido expulso do campo de jogo. Segundo a juíza, o árbitro sofreu lesão à sua imagem pública, ao ter sua honestidade profissional posta em dúvida.

Nessa esteira, podemos citar casos mais recentes já apreciados ou submetidos ao Judiciário.

No Processo n. 2002.001.058944-5, que tramita na 23ª Vara Cível do Rio de Janeiro, o dirigente *Luis Estevão Oliveira Neto* foi condenado a pagar indenização por danos morais ao árbitro *Carlos Eugênio Simon*, por ter chamado o autor de "ladrão e pilantra" em entrevista aos meios de comunicação, por sua atuação no jogo Corinthians Paulista e Brasiliense, pela Copa do Brasil de 2002. A sentença fixara o valor da indenização em R$ 10.000,00, que foi majorada pelo Tribunal de Justiça do Rio de Janeiro para R$ 15.000,00 (Apelação Cível 2007.001.27457 — <www.tj.rj.gov.br>).

Em julgamento ocorrido em 2007, a 15ª Câmara Cível do Tribunal de Justiça de Minas Gerais condenou o América Futebol Clube de Belo Horizonte, seu diretor de Futebol *Paulo Afonso Alves* e o então técnico *Carlos Alberto Silva* a indenizar o árbitro *Cléver Assunção Gonçalves* e seu auxiliar *Márcio Eustáquio Souza Santiago*, com o pagamento de R$ 15 mil, para cada um dos autores, por danos morais. O fato aconteceu em 2004, no jogo entre o América FC e o Atlético Mineiro pelas semifinais do Campeonato Mineiro. O árbitro marcou um pênalti contra o América. O então técnico do time *Carlos Alberto* invadiu o campo e ofendeu o "juiz" e o "bandeirinha" com gestos e palavras de baixo calão. Após a partida, o diretor de futebol também proferiu palavras e expressões agressivas contra os dois, em entrevistas nas Rádios e TV. O Tribunal de Justiça (Apelação Cível n. 1.0024.06.1045335-7-DJMG de 27.8.07 e *site* <www.tjmg. gov.br>) deu provimento ao Recurso dos árbitros, já que a demanda havia sido julgada improcedente em primeiro grau sob o entendimento de que *"xingar árbitro não é ato ilícito por causa da emoção que envolve o jogo de futebol"* (juízo da 14ª Vara Cível de Belo Horizonte), entendendo que "As palavras e atos imprudentes do técnico e do diretor de futebol do clube causaram danos de ordem moral aos árbitros, sendo o nexo causal entre a conduta e o dano causado evidente". Diz a ementa do acórdão:

> "Ementa: "Responsabilidade civil — Art. 186, código civil — Árbitro de futebol — Ofensas morais veiculadas através da imprensa — Escarnecimento público — Indenização por danos morais devida. Aquele que, por ação ou omissão voluntária, negligência ou imprudência, violar direito ou causar dano a outrem, ainda que exclusivamente moral, comete ato ilícito, ut art. 186, Código Civil. Não podemos excepcionar a responsabilidade civil de pessoas que estão em um estádio assistindo a uma partida de futebol, seja como profissional, seja como torcedor. Se agressões verbais com utilização de palavras de baixo calão, e até mesmos acusações graves, que sugerem a prática de crime, são comuns em estádios de futebol, são comuns apenas para pessoas de comportamento agressivo, que vão aos estádios para promoverem a balbúrdia. Não se trata de comportamento comum das famílias que freqüentavam os estádios de futebol e hoje se vêem impossibilitadas de freqüentá-los, porque pessoas estão se sentindo no direito de fazer o que querem dentro dos estádios e em suas intermediações, transformando-os em verdadeiras praças de guerra. Entrevista concedida à imprensa ofensiva à conduta, à imagem, à moral do árbitro de futebol gera danos de ordem moral.

Apelação Cível n. 1.0024.06.104535-7/001 — Comarca de Belo Horizonte — Apelante(s): Cléver Assunção Gonçalves E outro(a)(s) — Apelado(a)(s): América Futebol Clube e outro(a)(s), Carlos Alberto Silva — Relator: Exmo. Sr. Des. Mota e Silva".

A fundamentação do acórdão analisa os fatos com base nos arts. 186 e 927 a 954 do Código Civil Brasileiro, entendendo que, no caso concreto, caracterizaram-se os danos morais, o que arrimou a condenação dos demandados(2).

---

(2) "No direito privado, a responsabilidade civil, consubstanciada no dever de indenizar, advém do ato ilícito, resultante da violação da ordem jurídica com ofensa ao direito alheio e lesão ao respectivo titular, exigindo o pedido indenizatório a caracterização da responsabilidade aquiliana, que imprescinde da prova da ação ou omissão, dolosa ou culposa, do agente, além do nexo causal entre o comportamento danoso e a lesão que resultará, características estas que se assentam na teoria subjetiva ou da culpa.

É o que se extrai do art. 186 do Código Civil:

"Aquele que, por ação ou omissão voluntária, negligência ou imprudência, violar direito ou causar dano a outrem, ainda que exclusivamente moral, comete ato ilícito." DINIZ, Maria Helena. In *Novo Código Civil Comentado*. 1. ed. Editora Saraiva, p. 184, analisando referido dispositivo legal, leciona:

"Ato ilícito: O ato ilícito é praticado em desacordo com a ordem jurídica, violando direito subjetivo individual. Causa dano patrimonial ou moral a outrem, criando o dever de repará-lo (STJ, Súmula n. 37). Logo, produz efeito jurídico, só que este não é desejado pelo agente, mas imposto pela lei.

Elementos essenciais: para que se configure o ato ilícito, será imprescindível que haja: a) fato lesivo voluntário, causado pelo agente, por ação ou omissão voluntária, negligência ou imprudência; b) ocorrência de um dano patrimonial ou moral, sendo que pela Súmula n. 37 do Superior Tribunal de Justiça serão cumuláveis as indenizações por dano material e moral decorrentes do mesmo fato; c) nexo de causalidade entre o dano e o comportamento do agente.

Conseqüência do ato ilícito: A obrigação de indenizar é a conseqüência jurídica do ato ilícito (CC, arts. 927 a 954), sendo que a atualização monetária incidirá sobre essa dívida a partir da data do ilícito (Súmula n. 43 do STJ)."

O dano moral consiste na violação dos valores internos e anímicos da pessoa humana, capaz de acarretar dor espiritual e incômodos à alma. Logo, tais valores psíquicos e anímicos devem ser resguardados.

Relativamente ao dano indenizável, Rui Stoco, anota que:

"O indivíduo é portador de dois patrimônios: um objetivo, exterior, que se traduz na riqueza que amealhou, nos bens materiais que adquiriu. Outro, representado pelo seu patrimônio subjetivo, interno, composto da imagem, personalidade, conceito ou nome que conquistou junto a seus pares e projeta à sociedade.

Ambos são passíveis de ser agredidos e, portanto, indenizáveis conjunta — ainda que em razão do mesmo fato — ou isoladamente". (*Responsabilidade Civil e sua Interpretação Jurisprudencial*, 2. ed., Editora Revista dos Tribunais, 1995, p. 476/477).

Nesse sentido é a jurisprudência do Superior Tribunal de Justiça:

"Dano moral puro. Caracterização. Sobrevindo, em razão de ato ilícito, perturbação nas relações psíquicas, na tranqüilidade, nos sentimentos e nos afetos de uma pessoa, configura-se o dano moral, passível de indenização" (STJ — 4ª T. REsp. — Rel. Barro Monteiro — j. 18.2.92 — RSTJ 35/285).

Ao exame dos autos, constata-se que são fatos incontroversos que o apelante Cléver Assunção Gonçalves cometeu erro de arbitragem ao marcar um pênalti inexistente em

O Tribunal de Justiça do Rio Grande do Sul também tem se deparado com ações da Espécie. Em julgamento proferido no recente 27 de julho de 2007, a Quinta Câmara Cível proveu Apelação do árbitro de fute-

---

favor do Clube Atlético Mineiro, como também são fatos incontroversos que após a marcação do referido pênalti, os apelantes foram xingados pelo apelado, então técnico do América, Carlos Alberto Silva e, após o encerramento da parte, pelo diretor de futebol do América, mediante entrevistas às emissoras de rádio e televisão.

O MM. Juiz sentenciante, ao julgar improcedente o pedido de indenização por danos morais, fundamentou no sentido de que, além dos xingamentos ser prática comum em estádios de futebol, os apelados não tiveram "intenção", não tiveram "vontade" de causar danos à moral dos apelantes.

Quando se fala em intenção, em vontade, estamos discutindo o *animus* da conduta do agente, ou seja, se dolosa ou não. Entretanto, com o devido respeito, basta uma simples leitura do art. 186 do Código Civil para visualizarmos que também a conduta culposa em sentido estrito (conduta praticada pelo agente sem intenção de lesionar um bem jurídico) enseja a indenização por danos morais.

Não podemos excepcionar a responsabilidade civil de pessoas que estão em um estádio assistindo a uma partida de futebol. Se agressões verbais com utilização de palavras de baixo calão são comuns em estádios de futebol, são comuns apenas para pessoas de comportamento agressivo, que vão aos estádios para promoverem a balbúrdia. Não se trata de comportamento comum das famílias que freqüentavam os estádios de futebol e hoje se vêem impossibilitadas de freqüentá-los, porque pessoas estão se sentindo no direito de fazer o que querem dentro dos estádios e em suas intermediações. Hoje os estádios estão se transformando em verdadeiras praças de guerra.

Ora, o apelante Cléverson fora achincalhado pelo apelado Carlos Alberto Silva, que lhe atribuiu os adjetivos de "safado", "sem vergonha", "pilantra".

Não bastasse, o diretor de futebol do América, o apelado Paulo Afonso Alves, em entrevista à rede de rádio e televisão de abrangência nacional, como no caso da Rádio Itatiaia, agrediu os apelantes com acusações pesadas, transcritas na inicial, fato não impugnado, com os seguintes dizeres:

"...Contra criminosos a gente não dá queixa na Justiça Esportiva, nós vamos dar queixa na Justiça Comum...";

"...botaram esse safado desse Juiz para apitar hoje ai...";

"...São safados, desonestos, mal intencionados! ... nós vamos procurar a Justiça Comum e vamos dar queixa crime contra o Lincon, contra o Presidente da Federação, contra o Juiz. É queixa crime, é caso de polícia..."

"...Pra enfrentar essa cambada de vagabundo, essa corja de marginal..."

Com todo respeito a quem pensa de forma diversa, se estas acusações não ofendem a moral da pessoa às quais são dirigidas, o que então causaria dano à moral? Isso não é escarnecer a pessoa em rede nacional de rádio e televisão? Essas acusações que foram veiculadas não formaram a opinião dos ouvintes, dos leitores e dos telespectadores a respeito da conduta dos apelantes?

Em meu entendimento, os apelantes foram escarnecidos, desonrados, desmoralizados perante grande parte da sociedade brasileira que teve acesso às reportagens que foram veiculadas.

Com efeito, tenho que as palavras — atos — imprudentes dos apelados causaram danos de ordem moral aos apelantes, danos estes que prescindem de prova, sendo o nexo causal entre a conduta e o dano causado evidente, não merecendo maiores delongas....

Ressalte-se que o fato de ter o árbitro de futebol cometido erro de arbitragem não dá direito aos apelados de denegrirem sua imagem, com acusações sérias como as que foram realizadas pelos apelados. Se os apelados entenderam que foram prejudicados, que usassem dos meios legais.

bol *Juscelito Antônio Viccari*, da Comarca de Casca (RS), condenando a Prefeitura Municipal de Ciríaco a pagar indenização por danos materiais e morais ao árbitro da partida, bem como acolheu denunciação à lide da empresa promotora do Evento e da mãe do menor que havia agredido o Apelante, em jogo de futebol entre jogadores menores que 16 anos (categoria "infanto"), entre a equipe da Prefeitura e outra equipe do município referido(3).

Outras ações correm no Judiciário do Rio Grande do Sul, em que os árbitros requerem a reparação de danos, principalmente morais, em razão de agressões físicas e morais praticadas por atletas, dirigentes e torcedores. Num desses casos, um árbitro amador da cidade de Alegrete (RS) obteve indenização por danos morais, contra um torcedor, junto ao Juizado Especial Cível(4) em razão de ter sido ofendido com as seguintes palavras: "mais uma vez tu me roubou, negro, ladrão, sem vergonha, sujo".

O árbitro *Alexandre Loureço Barreto*, por exemplo, foi agredido fisicamente pelo jogador *Rogério Rodrigues de Oliveira* (Rogerinho) do EC São Luiz de Ijuí (RS), em jogo pelo Campeonato Gaúcho da Primeira Divisão de 2007. Em razão disso, está movendo Ação de Indenização por danos morais e à imagem, que tramita na 11ª Vara Cível de Porto Alegre-RS (processo n. 10702123416), cuja petição inicial se ampara nos seguintes fundamentos:

> "1. No dia 21 de março de 2007, à noite, foi realizado o jogo de futebol entre as equipes do GE Brasil de Pelotas e Esporte Clube São Luiz de Ijuí (RS), pelo Campeonato Estadual da Primeira Divisão de Profissionais do RGS, no Estádio Bento Freitas, na cidade de Pelotas (RS). O autor, por escala da Federação Gaúcha de Futebol, foi o árbitro da partida.

Quanto ao valor da indenização, este deve ser pautado não só pelos princípios da razoabilidade e da proporcionalidade, mas também por seu caráter pedagógico, com o escopo de levar o apelado América Futebol Clube a empreender melhor treinamento de seus diretores e funcionários, para que outras pessoas não venham a ter os dissabores experimentados pelos apelantes. Em relação aos apelados Carlos Alberto Silva e Paulo Afonso Alves, para que aprendam a policiar seus próprios atos, pois como técnico de futebol nacionalmente conhecido e diretor de futebol de uma grande equipe, respectivamente, suas condutas são exemplos para os funcionários e para a torcida do clube para o qual prestam serviços.

Destarte, adotando-se os princípios da razoabilidade e proporcionalidade, bem como voltado ao caráter pedagógico da condenação, entendo que o valor da indenização deve ser fixado em R$ 15.000,00 para cada apelante."

(3) Apelação Cível 70014178107 — <www.tj.rs.gov.br>, Relatora Desa. Ana Maria Nedel Scalzilli. Consultada em 12.10.07.

(4) Recurso n. 71001350743- 1ª Tuma Recursal Cível — www.tj.rs.gov.br> Acompanhamento Processual. Consultado em: 1.12.07.

2. Aos 40 minutos do segundo tempo de jogo, o demandado recebeu o segundo cartão amarelo, por ter chutado a bola para longe do local de uma infração. Em consequência disso, receberia o cartão vermelho (expulsão de campo). Entretanto, quando o autor estava tentando puxar o cartão do bolso, para apresentá-lo ao atleta, o mesmo correu em sua direção desferindo-lhe um soco no rosto (atingindo a boca e o nariz), que derrubou-o ao solo, causando-lhe ferimentos principalmente na boca. Mesmo que contido por outros atletas, o Réu tentou investir novamente contra o autor, ao tempo em que fazia gestos com as mãos levantadas, sinalizando que o árbitro estaria "roubando" a sua equipe. Depois disso, foi retirado do campo, inclusive com o auxílio da Brigada Militar.

3. O fato foi registrado na Polícia Civil de Pelotas (RS), comarca em que tramita o processo-crime (JEC-Criminal), com audiência designada para o final deste mês. O autor, além disso, fez exame de corpo de delito.

4. O fato teve muita repercussão no RGS, no país e no exterior, onde as cenas da agressão motivaram manchetes, inclusive em Jornais de Circulação Estadual e Nacional, e no canal de Televisão ESPN Internacional, que enviou as imagens para o Mundo Inteiro, bem como entre os familiares e colegas do autor, que, além de corretor de seguros e árbitro de futebol, exerce ainda cargo de administração no Sindicato do Árbitros de Futebol do Estado do Rio Grande do Sul, sendo Vice-Presidente. Além disso, importante esclarecer que o autor integra o quadro de árbitros da FGF e da Confederação Brasileira de Futebol.

5. A culpa e o dolo do demandado estão provados pelos documentos ora juntados e pelas declarações aos meios de comunicação do próprio jogador. É sua, pois, a responsabilidade pela reparação dos danos.

6. O dano moral está configurado, bem como o dano à imagem do autor, árbitro nacional: seja pela humilhação sofrida pelo autor, em razão da agressão física e consequente queda ao solo; seja pela repercussão do fato entre as milhares de pessoas que assistiam ao jogo (o Estádio estava lotado); seja pela repercussão nos Jornais, rádios e televisão do Estado, do país e do Exterior; seja em razão da repercussão do fato entre os colegas árbitros, familiares e amigos."

Outras ações estão em curso no Judiciário envolvendo agressões a árbitros. No Processo n. 1070171350-3, da 8ª Vara Cível de Porto Alegre, que se encontra em fase de instrução, os árbitros *Ciro Camargo* e *Rinaldo Lopes da Silva* buscam indenização por danos morais, contra dois jogadores agressores e contra a entidade à qual pertencia a equipe integrada pelos atletas, em razão de agressão sofrida em jogo amador, pelo campeonato municipal de 2005 de São José do Hortêncio (RS), com arrimo nos arts. 186, 927 e 932 e seguintes do Código Civil.

Jornalistas, escritores e órgãos da imprensa também têm sido partes em processos judiciais que discutem fatos que possam implicar responsabilidade civil. Às vezes, há excessos de ambos os lados. Mas, alguns jornalistas e escritores, respaldados pelos respectivos órgãos e imprensa(emissoras de rádio e televisão ou editoras) às vezes ultrapassam o que se pode denominar de "crítica razoável" e acabam fazendo afirmações que beiram à calúnia, à injúria e à difamação, em excessos que não são tolerados pelos ofendidos e nem pelo Judiciário. Nessa esteira, podemos citar o Processo n. 1060221098-8, que tramita na 13ª Vara Cível de Porto Alegre (RS), no qual o árbitro *Carlos Eugênio Simon* processa o jornalista *Eduardo Rômulo Bueno*, autor do livro *Grêmio-Nada Pode ser Maior*, e a respectiva editora, cujos fundamentos da petição inicial dizem:

> "1. O autor, embora tenha formação superior de Jornalista, exerce a profissão de árbitro de futebol há cerca de 20(vinte anos), integrando o Quadro de Árbitros da Federação Gaúcha de Futebol. Além disso, integra, desde 1.1.93, o quadro Nacional de Árbitros da Confederação Brasileira de Futebol, bem como o Quadro de Árbitros da FIFA desde 7.1.97. Como dirigente da categoria, foi eleito Presidente do Sindicato dos Árbitros de Futebol do Estado do Rio Grande do Sul-SAFERGS, em 15.9.06, conforme comprovantes anexos.
>
> 2. Na condição de árbitro, além de atuar no território nacional, tem atuado em todos os continentes do mundo, apitando jogos da Taça Libertadores da América, das Copas dos continentes Africano e Asiático, das eliminatórias da Copa do Mundo e a própria Copa, onde atuou nas edições de 2002 e 2006. Tem, portanto, renome nacional e internacional e é cidadão honorário de diversas cidades no Rio Grande do Sul, dentre as quais a cidade de São Borja (RS) e Braga (RS), esta última sua cidade natal.
>
> 3. Ao retornar da última Copa do Mundo, em que atuou como árbitro, começou a receber dezenas e dezenas de mensagens no seu endereço eletrônico e cartas, inclusive do exterior(amostras inclusas), que diziam que, no livro *Grêmio-nada pode ser maior*, estava sendo acusado de ter "roubado o Grêmio Footbal PortoAlegrense ao longo dos últimos cem anos". Como as mensagens se tornavam cada dia mais intensas, resolveu adquirir o referido livro, o que se concretizou em 25.9.06.

4. Ao examinar a obra, que já está na 2ª reimpressão, constatou, já na primeira frase da Capa, a seguinte afirmação: "Se você quiser achar que este livro é sério, então ache, porque ele é... Diante de tal afirmação, resolveu lê-lo. A partir da p. 47 há a descrição de um jogo do Grêmio X Sport Club Rio Grande, de 1909 e, para seu espanto e indignação, na p. 49, está escrito o trecho abaixo, com grifos do ora autor:

... "No segundo tempo, novamente de esquerda, Grunewald marca outro goal, que o juiz dá como não tendo passado a linha. Não existiam redes, mas Nuxi sequer se dignou a ouvir o juiz de goal. E quem defensou a pelota, que já havia vencido o goleiro, foram os assistentes que ali estavam postados..."

Causará alguma surpresa informar que o Rio Grande "ganhou" o jogo por 3 X 2? *Nuxi*, o primeiro árbitro cuja senhora que lhe pariu há de ter sido muito comentada ao longo de todo aquele Domingo, foi apenas o pioneiro de uma vasta e infame estirpe de juízes que surrupiaram o Grêmio ao longo dos últimos cem anos, entre os quais é lícito incluir ... Carlos Simon e tantos outros.

Mas, 41 dias depois, já se habituando com as injustiças que lhe perseguiriam ao longo do século, o Grêmio estava de volta ao bunker da Baixada para bater o FussBall e conquistar mais uma taça...."

5. E se alguma dúvida pudesse pairar sobre o significado dado pelos demandados ao termo "surrupiaram", esta resta esclarecida na página 226, quando há a confirmação de que efetivamente o sentido foi de "roubar", a saber:

"Além disso, Felipão é um milhão de vezes melhor que Wanderley Luxemburgo — e os currículos estão aí mesmo para prová-lo. E tem outra: na ponta-esquerda do meu time jogaria o Loivo e não o Zagallo, que permaneceria no banco (sem mandar nada, como de hábito) e no rol da infâmia do Grêmio, junto com Armando Marques, o próprio Luxemburgo, o tal de Nuxi (o primeiro juiz que roubou do Grêmio) e outros tantos com os quais não vou gastar tempo nem papel..."

6. Assim, está evidente que o livro afirma, com todas as letras" "que o autor" "roubou o Grêmio", o que atribui-lhe a pecha de "ladrão". Comprovado, pois, o ato ilícito de que tratam: o art. 5º, incisos V e X da Constituição Federal; os arts. 186 e 927 do Código Civil combinados com o art. 49 e outros da Lei de Imprensa. A responsabilidade pela reparação do ato ilícito é do autor e da Editora, na forma da Súmula n. 221 do STJ.

7. A repercussão do fato é intensa, inclusive no exterior, até porque dezenas de milhares de exemplares do livro já estão no merca-

do, pois a obra já está na 2ª reimpressão, conforme exemplar anexo, e as vendas continuam. As mensagens e correspondências recebidas pelo autor, algumas delas anexas, provam a extensão da repercussão negativa da publicação. Além disso, o assunto teve e tem grande repercussão entre os colegas árbitros e colegas de imprensa, bem como do público em geral que tem tomado conhecimento do episódio, inclusive na cidade natal do autor e outras cidades onde tem boa fama. O autor, repise-se, tem renome internacional, é pessoa pública, sendo que atualmente exerce o cargo de Presidente do SAFERGS, pelo que o abalo moral e à imagem é significativo.

8. Diante de tudo isso, a responsabilidade civil dos demandados pela indenização do danos morais e à imagem do autor está caracterizada e tem respaldo nos dispositivos legais acima referidos. O primeiro demandado na condição de autor do livro e a Segunda demandada na condição de editora com "Todos os direitos reservados".

A responsabilidade pela reparação de danos, nos casos de agressões a árbitros por atletas e dirigentes de equipes, é das pessoas físicas que praticaram os atos e das entidades às quais são vinculados, já que a pessoa jurídica tem responsabilidade pelos atos praticados por seus prepostos na dicção dos arts. 927 e 932 do Código Civil. A responsabilidade, no mínimo subjetiva, depende da prova da culpa ou do dolo dos agentes que praticaram os atos em referência, bem como o respectivo nexo causal. Quanto à prova do dano e sua extensão, importante dizer que tal prova é dispensável por se tratar de dano *in re ipsa*(5). Entretanto, havendo prova da extensão do dano, tal circunstância deve ser levada em conta na fixação do valor da indenização. O dever de indenizar nos casos da espécie vem sendo confirmado pelo Judiciário(6).

Quanto a fatos divulgados pelos meios de comunicação, inclusive livros editados, embora alguns sustentem tratar-se de responsabilidade objetiva decorrente da teoria do risco, entende-se que a responsabilida-

(5) Expressão latina — presume-se que o fato, por si só, causou dano moral, sendo desnecessário a prova da dor e do sofrimento.

(6) Ementa: Indenizatória. Agressão física a árbitro em partida de futebol. Dano moral configurado. Dever de indenizar. Agressão física que encontra respaldo na prova testemunhal carreada aos autos, a qual não resta desmerecida em razão de pequenas discrepâncias. A ofensa à integridade corpórea importa, por si só, em ofensa a direito de personalidade e, como tal, conduz ao reconhecimento do dano imaterial. Valor da indenização que, a meu sentir, foi estabelecido com modicidade e que, portanto, não comporta redução, notadamente quando o autor, instado a comprovar a sua miserabilidade para fins de concessão da gratuidade, limitou-se a promover o recolhimento das custas processuais. Recurso improvido. Sentença mantida por seus próprios fundamentos (Recurso Cível n. 71001064534, Terceira Turma Recursal Cível, Turmas Recursais, Relator: Luiz Antônio Alves Capra, Julgado em 9.1.07) Terceira Turma Recursal Cível Comarca de Teutônia Cível Diário da Justiça do dia 25.1.07.

de é subjetiva, dependendo da existência de culpa ou dolo dos agentes demandados, a exemplo do referido no item anterior. Nesse sentido têm se direcionado os julgamentos do Poder Judiciário(7).

Convém registrar que não é qualquer crítica ou desabafo que gera o direito à indenização por danos. A 3ª Câmara Cível do Tribunal de Justiça de Santa Catarina, ao julgar, em 27 de maio de 2008, recurso em ação movida por um árbitro de futebol contra um comentarista da TV Chapecó, que o chamara de *"fraquinho"* e *"mascarado"* em razão de sua atuação em jogo de futebol amador, entendeu que *"qualquer árbitro de futebol está sujeito à crítica por seu desempenho, o que nem sempre configura ofensa à honra."* (Apelação Cível n. 2008.000317-2 — in <www.tj.sc.gov.br>).

Se, de um lado, os árbitros estão indo ao Judiciário para buscar os direitos que entendem violados, de outro lado, estão sendo demandados por torcedores, que se dizem "apaixonados" pelos seus times, em razão de erros ou de decisões contrárias aos interesses da sua equipe.

O árbitro *Márcio Rezende de Freitas* e a Confederação Brasileira de Futebol foram demandados por torcedores, em diversas Comarcas do Brasil, inclusive no Rio Grande do Sul, em razão de um lance ocorrido no Jogo EC Corinthians Paulista e SC Internacional de Porto Alegre (RS), pelas finais do Campeonato Brasileiro de 2005, quando o árbitro, segundo afirmação dos torcedores, teria deixado de marcar um pênalti e, ainda, expulsado indevidamente o atleta Tinga do EC Internacional, fatos que teriam prejudicado o Internacional e causado danos morais aos autores. A petição inicial arrimou-se no art. 186 do Código Civil, arts. 2º, 3º e 30 do Estatuto do Torcedor e arts. 2º, 3º, 6º, VI e 34 do Código de Defesa do Consumidor. Os feitos foram ajuizados nos Juizados Especiais Cíveis.

Na Comarca de Capão da Canoa (RS), tramitou o processo n. 141/3050001333-5, cujo autor, *Cláudio Clauri Cunha da Rocha*, dizia, na inicial, ser *"torcedor do S.C. Internacional, clube pelo qual possui grande afinidade, chegando aos limites da paixão"*. Formulou, a final, pedido de indenização por danos morais equivalentes a 20 salários mínimos. A sentença, proferida em 8 de agosto de 2006 pelo Juiz de Direito *Mário Romano*

(7) Ementa: Apelação. Responsabilidade civil. Publicação de mensagem em jornal. Árbitro. Dano moral. *Quantum* indenizatório. É inafastável o dever de indenizar, a partir dos elementos probatórios carreados aos autos. Caso em que o técnico de equipe de futebol, descontente com o resultado da partida, mandou publicar mensagem em jornal local, com o fito de denegrir a imagem do árbitro, fato devidamente comprovado. *Quantum* indenizatório minorado, em face das particularidades do caso concreto. Apelação provida, em parte. (Apelação Cível n. 70015707953, Quinta Câmara Cível, Tribunal de Justiça do RS, Relator: Umberto Guaspari Sudbrack, Julgado em 18.4.07 Comarca de Origem: Comarca de Venâncio Aires Publicação: Diário da Justiça do dia 26.4.07.

Maggioni, extinguiu o feito sem julgamento do mérito por ilegitimidade ativa do autor e inépcia da inicial, cujos fundamentos se encontram nos autos, a saber:

> "Quanto ao seu pedido, no entanto, é de ser indeferido. Com efeito, o Estatuto do Torcedor refere que "é direito do torcedor que a arbitragem das competições desportivas seja independente, imparcial, previamente remunerada e isenta de pressões" (art. 30 da Lei n. 10.671/03). Imparcialidade não implica impossibilidade de erro. Errar é humano. O árbitro — igual a qualquer outro ser humano — pode errar, sem que isso implique ausência de imparcialidade ou independência. Eventual erro de arbitragem não significa que o produto (campeonato) não tenha qualidade. Ao contrário, errar faz parte do jogo.
>
> De outra parte, se houve erro ou má-fé a fim de favorecer o Corintians é questão que interessa diretamente às entidades de prática desportiva que participaram da competição. Entidades que possuem personalidade jurídica e, portanto, aptas a postular seu direito em nome próprio. Nessa senda, o Estatuto do Torcedor não alargou as hipóteses de legitimação ativa. Quanto muito, poder-se-ia entender que são legitimados concorrentemente o Ministério Público e as demais entidades de pessoas previstas no art. 82 da Lei n. 8.078/90. Não, no entanto, o torcedor. Se as pessoas que possuíam legitimidade para impugnar a arbitragem ou a organização do evento se quedaram inertes, conclui-se que a arbitragem foi independente e imparcial e que não houve má-fé na organização do evento; portanto, os resultados dos jogos e a organização do evento encontram-se legitimados. Em suma, o resultado dos jogos e a competição foram regulares, embora possa ter havido erro de arbitragem.
>
> Regulares os resultados dos jogos e a organização do evento, não se constata atividade ilícita dos demandados a dar ensejo à indenização por dano moral. Em suma, se houve conduta ilícita, a legitimidade para argui-la não seria do autor, mas dos clubes ou do Ministério Público e das entidades previstas no art. 892 da Lei n. 8.078/90. Nesse caso, imperativo reconhecer a ilegitimidade ativa do autor para impugnar o resultado dos jogos ou a organização do campeonato.
>
> No mais, não tendo havido conduta ilícita por parte dos demandados, não são responsáveis por eventual dano causado ao autor. E, nesse caso, da narração dos fatos da inicial não decorre logicamente a conclusão...
>
> Finalmente, a se acolher a tese de que o erro, no esporte, gera responsabilidade, independentemente de culpa, estar-se-ia enve-

redando por uma trilha sinuosa e, logo adiante, o erro do atacante que não fez o gol, do zagueiro que falhou, do goleiro que "frangueou" também dariam ensejo ao dano moral. Com prejuízo evidente ao bom esporte, pois a emoção da competição está, justamente, na possibilidade do vir a ser: rebaixado, como foi o caso do Grêmio, no ano de 2004, ou campeão, como se espera do Inter, no próximo dia 16. E o caminho do vir a ser está entremeado de vitórias e derrotas, de erros e acertos, sem que isso se constitua fato ilícito capaz de dar causa à indenização por dano moral."

Em face do exposto, extingo o processo, sem resolução de mérito, para reconhecer a ilegitimidade do autor e a inépcia da inicial, forte no art. 267, I e VI, do Código de Processo Civil."

Na Comarca de Montenegro (RS), também tramitou Ação de Indenização por dano moral, com petição inicial idêntica a que dera origem à Ação acima noticiada, dirigida contra a CBF e o árbitro, com o mesmo pedido (processo JEC n. 018/3050001152-2), que também foi extinta, sem julgamento de mérito, por ilegitimidade ativa da torcedora autora da ação. Diz a sentença em seus fundamentos:

"...Embora não arguido pela autora, são necessárias algumas considerações acerca do não comparecimento pessoal do demandado Márcio Rezende de Freitas à Audiência de Conciliação.

O Réu reside no estado de Minas Gerais e se fez representar em audiência por advogado, com poderes expressos para acordar.

No caso em tela, em que o deslocamento por avião e demais despesas decorrentes de uma viagem longa, tais como hospedagem, translado, assim como a interrupção das atividades profissionais, significam um gasto muito maior do que a repercussão econômica da presente demanda, acaso integralmente acolhida, não é razoável exigir-se a presença física do réu. Um procurador com poderes especiais para acordar supre perfeitamente a exigência legal."

...

Ora, se o clube, maior interessado e envolvido direto, não se insurgiu, teria legitimidade para tanto um simples torcedor? Entendo que não, sob pena de transformarmos o Poder Judiciário em um órgão fomentador de discussões sobre meros aborrecimentos banais e dissabores da vida cotidiana, afastando-o de sua finalidade precípua: a paz social. Demandas desta espécie refletiriam como propulsores da insegurança social, incentivando o ingresso de novas ações em busca de indenizações pelos mais triviais aborrecimentos. ... Não é diferente o entendimento da jurisprudência em casos semelhantes:

Torcedor/associado de entidade esportiva e que se diz lesado por conduta de árbitro auxiliar. Partida de futebol. Ilegitimidade ativa reconhecida. Sistema judiciário concebido para compor conflitos e trazer pacificação social, não podendo ser utilizado para incentivar os conflitos e trazer desagregação social. Ausência de responsabilidade extracontratual. Inexistência de dano específico em relação à pessoa do autor. Recurso improvido." (Recurso Inominado n. 71000810507.Primeira Turma Recursal Cível. Comarca de Porto Alegre. Relator: Heleno Tregnago Saraiva. Data da Publicação: 17.11.05).

Oportuno referir, a respeito da impossibilidade jurídica dos pedidos formulados por torcedores contra árbitros de futebol, que o chamado "erro de fato" no futebol, e isto é secular, não tem qualquer conseqüência com relação à modificação de resultados ou responsabilização jurídica do árbitro. Diz *Mário Franciscon*, em *Futebol, regras e legislação*, 9. ed. página 44 que *"O resultado de uma partida não pode jamais ser modificado por causa de um erro cometido pelo árbitro em questões de apreciação..."*. Além disso, é oportuno lembrar que o árbitro tem de decidir em questão de segundos, com base na sua visão do lance, enquanto os comentaristas e os torcedores estão confortavelmente instalados na frente de modernos aparelhos de televisão, nos quais podem ver os lances por todos os ângulos e lados. Em situações semelhantes, no curso de uma partida, os jogadores também cometem "erros", inclusive perdendo gols ou levando "frangos" decisivos, sem que isso implique indenização ao torcedor.

Assim, a eventual ocorrência do chamado "erro de fato no futebol" não se enquadra nem mesmo nas previsões do art. 186 do Código Civil, tampouco nas previsões do Estatuto do Torcedor ou do CDC, descaracterizando-se a culpa ou a responsabilidade objetiva, até porque o árbitro está no exercício regular de um direito. Diante disso, caracteriza-se efetivamente a impossibilidade jurídica dos pedidos, levando à extinção do processo forte nos arts. 51 da Lei n. 9.099/95 e 267 do CPC.

Além disso, importante trazer à discussão a própria ilegitimidade passiva do árbitro nos casos da Espécie, que se arrimam no Estatuto do Torcedor. No art. 3º daquele Estatuto, o árbitro de futebol ou de outras modalidades desportivas não está equiparado a fornecedor, para fins de aplicação daquele dispositivo legal. O eventual cometimento do chamado "erro de fato" por ocasião da atuação em uma partida de futebol não desagua na obrigação de indenizar torcedores eventualmente frustrados com os resultados da equipe, mesmo que tal erro tenha influído no resultado do jogo. Se assim não fosse, estaria inviabilizada a prática de qualquer modalidade desportiva, porque não teríamos árbitros e juízes para dirigi-la. Diferente seria se estivéssemos evidentemente diante de dolo ou do chamado "erro de direito", estes sim, passíveis de responsabilização quanto às conseqüências decorrentes.

A propósito, ao comentar a questão dos *"Fornecedores na relação de consumo desportiva"*, tema contido no livro *Os direitos do torcedor* (ed. Memória Jurídica — p. 57/58) e que faz uma abordagem do alcance da Responsabilidade Civil aplicada ao Estatuto do Torcedor, o professor *Ricardo de Moraes Cabezón*, ao tempo em que sustenta que *"o conceito de fornecedor no CDC é muito abrangente e congrega todas as possibilidades (pessoas físicas, jurídicas, entes despersonalizados etc.)"*, entende que fornecedores no contexto dos eventos futebolísticos são as entidades e associações ligadas diretamente aos eventos (FIFA, CBF, Federações, clubes, emissoras de rádio e televisão, meios de transporte, comerciantes e outros entes), dividindo, porém, suas obrigações com de "meio" ou de "resultado". Importante observar que o árbitro não está incluído como "fornecedor" no espetáculo futebolístico. Não há, pois, que se falar em responsabilidade objetiva individual ou solidária do árbitro em razão de eventuais erros cometidos.

Entretanto, conforme também afirma o doutrinador citado, a responsabilidade civil pessoal do árbitro apenas seria cabível em caso de comprovação de "má-fé", o que denota responsabilidade subjetiva e prova de "dolo ou má-fé". Diz o professor *Cabezón* (p. 97), ao consolidar entendimentos sobre os "legitimados passivos" em ações indenizatórias em razão de eventos desportivos, que:

> "a responsabilidade pessoal do árbitro (caso comprovada a má-fé) e objetivamente as ligas e entidades organizadoras do evento (independentemente de culpa) em razão de injustiça no resultado, pois não podemos mais admitir que em pleno Século XXI dispondo de todos os meios técnicos e informáticos para viabilizar a correta aplicação da arbitragem resolvem sempre insistir que a maior beleza do esporte é continuar com a velha rusticidade e precariedade nos meios empregados que facilitam a corrupção e a imediata identificação de injustiças por todos que estão fora do campo menos pelos árbitros que se vêem obrigados a seguir sua intuições e constatações pessoais."

O árbitro gaúcho *Carlos Eugênio Simon*, a propósito, está sendo demandado por danos materiais (valor do ingresso do jogo e passagem aérea Belo Horizonte/RJ/BH) e morais por torcedores do Clube Atlético Mineiro, em Belo Horizonte (MG) e em Brasília (DF), em razão de não ter assinalado um pênalti, ao término do jogo entre o Atlético e o Botafogo de Futebol e Regatas do Rio de Janeiro, jogo disputado no Estádio do Maracanã, em 10 de maio de 2007, pela Copa do Brasil. A inicial (como pode ser visto no processo n. 024.07.341458-3-JE Cível Belo Horizonte) arrima-se no EDT, sustentando estar o árbitro equiparado a Fornecedor (art. 3º do EDT), e no Código de Defesa do Consumidor.

A questão da responsabilidade civil do árbitro de futebol por erros cometidos em jogos em que atua, geralmente tem sido tratada de forma "passional", inclusive pelos operadores do Direito, salvo exceções. Nessa senda, o Juiz de Direito em Santa Catarina *Ricardo José Roesler*, que se diz botafoguense desde o nascimento, em artigo divulgado pela *Internet*(8), comentando a perda do título do Campeonato Carioca pelo seu time, traz observação interessante sobre erros de arbitragem que teriam prejudicado o Botafogo naquele embate:

> "... O Flamengo é impulsionado por um dínamo muito potente que é a sua torcida. Sua força fora das quatro linhas envolve e impressiona até mesmo a crítica especializada e seu time foi mais uma vez beneficiado por uma arbitragem errática e pusilânime. O árbitro admitiu ɔ que denominou de "grave erro que determinou a derrota do Botafogo" (pelo menos é o que consta em todos os jornais de Segunda e Terça-feira) e "pediu desculpas". Todos esses fatos são absolutamente incontroversos. Adoro o futebol mas as circunstâncias que envolvem um jogo de futebol são mais sombrias e decepcionantes do que podemos imaginar e me faz cético em relação a alguns resultados. Como operador do Direito não posso admitir que um erro que cause qualquer prejuízo (moral e material) fique sem reparação. Seria o árbitro de futebol, o único profissional a ficar imune ou impune a qualquer erro cometido com culpa no exercício de suas atividades (produzido "sem intenção", pela imprudência, imperícia ou negligência)? O Botafogo e o Flamengo foram várias vezes beneficiados e prejudicados. Errar é humano. Permanecer no erro é uma burrice e reconhecer o erro é uma virtude mas o prejuízo causado, sem dúvida alguma deve ser sempre reparado. Motivo pelo acontecido, iniciei essa semana um trabalho de pesquisa e estudos sobre: "A Responsabilidade Civil no Erro de Arbitragem Esportiva e suas Consequências" que servirá de base para o meu mestrado. Talvez um dia os responsáveis pelas más arbitragens sintam no bolso a consequência dos seus erros e permitam melhorar o nível, padronizar os critérios e realizar um trabalho isento não só para a segurança dos clubes, patrocinadores, investidores e jogadores, mas principalmente para que o torcedor não seja iludido."

Outras manifestações sobre o assunto já haviam sido publicadas anteriormente, sem, no entanto, aprofundar-se doutrinariamente no tema. Os advogados *André Luiz de Azevedo* e *Gustavo Lorenzi de Castro*, em artigo publicado na *Revista Consultor Jurídico*, de setembro de 2003, ao analisar as implicações econômico-financeiras das decisões dos árbitros

(8) <www.google.com.br> em 11.5.07.

sobre a receita e programações dos clubes, escreveram sobre a possibilidade da responsabilização patrimonial das entidades organizadoras das competições e seus prepostos árbitros:

> "Cabe agora passarmos à discussão sobre a possibilidade de que sejam cobrados das confederações e seus prepostos — no caso específico os árbitros — os prejuízos sofridos pelos clubes decorrentes de erros no desempenho da função de árbitro de futebol.Pois bem. Estabelece o Código Civil Brasileiro em seu art. 186: 'Aquele que, por ação ou omissão voluntária, negligência ou imprudência, causar dano a outrem, ainda que exclusivamente moral, comete ato ilícito.', e em seu art. 927: 'Aquele que, por ato ilícito (arts. 186 e 187), causar dano a outrem, fica obrigado a repará-lo. Parágrafo Único: Haverá obrigação de reparar o dano, independente de culpa, nos casos especificados em lei, ou quando a atividade normalmente desenvolvida pelo autor do dano implicar, por sua natureza, risco para os direitos de outrem.' A legislação atual não prevê a profissão de árbitro de futebol como uma daquelas onde não é necessária prova de culpa para que o agente causador do dano seja responsabilizado. Entretanto, parece claro que a atividade desenvolvida pelo árbitro de futebol implica em risco para o direito de terceiros.Afora a possibilidade de responsabilização do árbitro, pode-se imputar a responsabilidade à federação organizadora do evento, uma vez que os árbitros são prepostos das confederações e, conforme estabelecido no art. 933, inciso I do Código Civil, os empregadores respondem solidariamente pelos danos causados por seus prepostos.Por outro lado, a tentativa de se buscar ressarcimento dos prejuízos sofridos por um clube esbarraria em algumas questões difíceis de se resolver. Em primeiro lugar verificamos a grande dificuldade de se quantificar o dano sofrido, vez que não há parâmetros para se auferir a indenização devida e o real prejuízo sofrido por uma equipe prejudicada pela arbitragem em uma partida.Outro fato importante é que a FIFA, órgão máximo do futebol mundial, pune com exclusão qualquer agremiação que busque seus direitos através da justiça comum, o que inibe, senão impede, sobremaneira, a busca do judiciário por qualquer de seus filiados. Apesar desta determinação autoritária da FIFA, temos que salientar que, com a cada vez maior mercantilização do futebol, que cada vez mais deixa de ser "paixão", para incorporar os conceitos do "business", não há lugar para práticas como essa e, mais cedo ou mais tarde, algum de seus filiados irá ao Judiciário em busca do que lhe é de direito. Por fim, cabe ressaltar que toda esta discussão tornar-se-ia obsoleta se os homens da International Board — órgão da FIFA que propõe e aprova as mudanças nas regras do futebol — se livrassem da resistência que ainda têm às inovações

tecnológicas e permitissem o uso da eletrônica como auxiliar dos árbitros, através do videoteipe que serviria como recurso para dirimir as dúvidas surgidas em lances polêmicos e cruciais das partidas de futebol."

Importante repisar, a propósito, que efetivamente a FIFA não permite que os clubes jurisdicionados por qualquer Federação ou Confederação filiada à entidade ingressem na Justiça Comum para discutir questões relacionadas aos resultados de jogos ou de competições, sob pena de sanções ao clube e/ou exclusão da entidade nacional como filiada da entidade *mater* do futebol. Na verdade, entendemos que a vedação de ingresso na Justiça Comum para discutir questões relacionadas à disciplina e de organização de competições é um dos "esteios" da FIFA, já que, se ela admitisse que qualquer um dos países filiados pudesse ditar normas e condições em relação às competições esportivas, a entidade simplesmente estaria inviabilizada. A FIFA tem hoje mais associados do que a ONU, e a adesão aos seus quadros é voluntária, sendo que o aderente se compromete a cumprir o seu estatuto, que veda a interferência dos Judiciários e legisladores dos países membros nas questões desportivas e disciplinares sob a sua jurisdição.

Existem diversos precedentes no Judiciário Brasileiro, nos quais clubes, órgãos públicos e torcedores recorreram ao Judiciário para alterar resultados de jogos ou de competições Em alguns casos até conseguiram medidas liminares, com foi, por exemplo, o caso de um torcedor do SC Internacional que obteve medida judicial junto a uma Vara Cível da Justiça Estadual de Porto Alegre (RS) com relação ao Campeonato Brasileiro de 2005, que visava a impedir fosse o Corinthians declarado campeão do Campeonato Brasileiro daquele ano. Por "recomendação" da CONMEBOL (Confederação Sulamericana de Futebol) ao clube, arrimada no estatuto da FIFA, o torcedor desistiu da ação, sob pena de ver o seu clube excluído da disputa de competições internacionais, inclusive da Copa Libertadores da América seguinte. Importante registrar que a equipe gaúcha foi a campeã da Libertadores da América de 2006 e, em conseqüência, disputou e ganhou o título de Campeão Mundial Interclubes, o que evidentemente é uma prova de que o rigor do cumprimento do Estatuto da FIFA com relação à vedação de discussões judiciais nacionais tem efeitos muito positivos.

Retomando a questão do erro, cabe uma indagação a respeito da natureza do erro de fato do árbitro de futebol: seria ele semelhante ao *erro in judicando* do Juiz de Direito? Ou sequer se poderia enquadrá-lo ou assemelhá-lo a tal situação, uma vez que a decisão do "juiz de futebol" é tomada de forma instantânea e sem a possibilidade de revisão?

O Professor *Álvaro Melo Filho*[9] traz uma luz a respeito do conceito de erro de fato e de direito do árbitro de futebol, questão importante para a análise das conseqüências, seja no âmbito da Justiça Desportiva, seja no âmbito da responsabilidade civil:

> "...Em suma, pode concluir-se que:
>
> erro de fato: é o engano ou a falta de observação do árbitro a respeito da circunstância material do lance ou jogada, correspondendo a ato discricionário possibilitando ao árbitro interpretação subjetiva do fato ou da regra;
>
> erro de direito: decorre do descumprimento, desrespeito ou incorreta utilização da regra de jogo, correspondendo a ato vinculado, pois não outorga nem permite ao árbitro flexibilidade ou margem de interpretação."

Paulo Schmitt[10], procurador geral do STJD do Futebol, embora analise os efeitos dos erros dos árbitros no âmbito da Justiça Desportiva, discorre sobre o tema, afirmando *"Destaca-se que para que o resultado de um partida seja impugnado, absolutamente necessário que a situação concreta seja avaliada sob a existência do chamado "erro de direito", que corresponde a uma equivocada interpretação da norma...Insistimos: o erro de fato corresponde a uma falsa interpretação do fato; e, o erro de direito, corresponde a uma falsa interpretação da norma"*. E arremata esclarecendo que o erro de fato faz parte da falibilidade humana e não permite alteração posterior de resultados ou efeitos, mesmo que tenha sido grave e que tenha gerado prejuízos aos eventuais prejudicados.

Árbitros e ex-árbitros de futebol também já escreveram a respeito do erro no futebol, cujos depoimentos são importantes em face da abrangência da discussão posta. *Renato Marsiglia*[11] escreve:

> "Em arbitragem, é possível acontecerem erros. Assim como o jogador erra, ao chutar um pênalti para fora, o árbitro também erra, ao não marcar algum pênalti. Tomar um decisão e mais tarde perceber que errou, isso acontece. A regra diz assim: 'As decisões de fato tomadas por um árbitro em campo de jogo são irreversíveis e irrecorríveis'. Fazem parte da falibilidade humana.
>
> Existem dois tipos de erro. O erro de fato é aquele decorrente de má visualização do lance por parte do árbitro, por estar encoberto. Qualquer árbitro pode cometê-lo. Erro de direito é o erro que o árbi-

(9) *Curso de direito desportivo sistêmico*, p. 367.

(10) *Curso de justiça desportiva*, p. 154 e 155.

(11) *Idem*, p. 15-16.

tro comete por não cumprir ou não conhecer a lei do jogo. Entretanto, o árbitro é obrigado a conhecer as regras. Por exemplo, você validou um gol porque não sabia que aquele gol não podia ser feito daquela maneira, ou sabia mas não quis aplicar a regra do jogo — o que é pior, pois caracteriza desonestidade por parte do árbitro..."

O árbitro *Carlos Simon*, no seu livro *Na diagonal do campo*, publicado em 2004, p. 105, tratando do tema, diz:

"No futebol existem dois tipos de erro: o erro de fato e o erro de direito. O erro de fato é a inexata compreensão ou interpretação de um acontecimento do jogo, por exemplo: o juiz não vê uma falta por estar longe ou com a linha de visão encoberta. O erro deve-se a um problema de visualização.

O erro de direito caracteriza-se pela ignorância ou pela errada compreensão da regra, como, por exemplo, marcar um gol de arremesso lateral."

A propósito, a FIFA anulou um jogo das eliminatórias da Copa do Mundo de 2006, porque o árbitro aplicou equivocadamente a regra do jogo quando da execução de um tiro penal (a cobrança foi efetuada e convertida. Entretanto, um companheiro da equipe atacante invadiu simultaneamente a área de meta. O árbitro, então, anulou o gol e assinalou tiro livre indireto contra a equipe atacante; quando deveria ter apenas advertido o invasor e repetido a cobrança do tiro). Outro caso semelhante aconteceu há quatro anos, quando a Federação Turca de Futebol anulou o jogo Fenerbahçe 1 X 1 Rozespor, determinando nova partida, porque o árbitro mostrou dois cartões amarelos para um mesmo jogador do Fenerbahçe. Seriam esses casos típicos de erro de direito, com conseqüências na esfera administrativa e na organização das competições, no âmbito da Justiça Desportiva e da responsabilidade civil?

A grande verdade que pode ser colocada, todavia, é que a questão das conseqüências jurídicas dos erros dos árbitros de futebol está sendo discutida e estudada, o que vai trazer luzes aos doutrinadores e aos julgadores e demais operadores do Direito com vistas a uma orientação sobre o tema. O chamado "erro de fato" do árbitro não dá azo à responsabilização do mesmo pelas suas eventuais conseqüências ou pela frustração de expectativas de direito ou de fato possivelmente oriundas das decisões em campo, diante das circunstâncias em que ocorre e pelas dificuldades em arbitrar-se futebol. Ademais, se os clubes estão impedidos de buscar as reparações na Justiça Comum e o torcedor não tem legitimidade para ser autor de demandas, restaria, talvez, ao Ministério Público, cuja legitimidade parece discutível em se tratando de interesses meramente individuais, a possibilidade de ingressar com medidas indenizatórias nos casos da espécie. A Ação Civil Pública, prevista na Lei n. 7.347/85, combinada com o Estatuto do Torcedor, tem sido utilizada em casos específicos. O Ministério Público do Estado de São Paulo, por exemplo, aforou Ação Civil Pública contra os integrantes da chamada "máfia do apito", inclusive os árbitros envolvidos(12). A referida ação(13), que se encontra em fase de instrução, também é dirigida contra a CBF, a FPF e o empresário *Nagib Fayad*, e pleiteia indenização de R$ 34.000.000,00.

Evidentemente que, se houve o chamado "erro de direito" por parte do árbitro ou mesmo "ação ou omissão dolosa", haverá legitimidade para demandar a respectiva responsabilização civil, pelo menos contra as entidades organizadoras da competição.

O Ministro do STF *Gilmar Mendes*, sobre a questão da legitimidade do MP para defender os "interesses do torcedor"(14), afirma: "*..Temos discutido o reconhecimento do caráter difuso dos direitos do torcedor, com base no Estatuto do Torcedor, o que permite a intervenção do Ministério Público, por meio de ação civil pública...*"

Finalmente, importante consignar que a Justiça argentina, assim como no Brasil e em outros países, vem enfrentando casos de ações propostas por árbitros, em razão de ofensas e agressões sofridas durante ou em razão de jogos em que atuaram. Lá, por exemplo, o árbitro *Pablo Gabriel Sueldo* ajuizou Ação por Danos Materiais e Morais contra a Liga Organizadora da Competição, os clubes que disputaram a partida e o massagista agressor (o olho direito do árbitro foi atingido por estilhaços de vidro, causando-lhe lesão ótica, quando estava no carro e se retirava do Estádio após o jogo. O vidro foi quebrado pelo massagista de uma das equipes, ao tentar agredir o apitador que o havia expulsado de campo durante a partida). A Ação foi julgada procedente em primeiro grau, com a condenação solidária de todos os demandados, inclusive da Liga organizadora do evento que tinha o dever de dar segurança aos árbitros. A sentença foi confirmada em segundo grau, em 2002, inclusive com elevação do valor da indenização(15).

Assim, estão lançadas as luzes sobre o tema, desafiando os próprios árbitros, juristas e operadores do Direito a se debruçar sobre ele, a fim de que estudos e manifestações tragam novos subsídios para uma solução justa e plausível para os casos concretos. A propósito: o eventual reconhecimento legal da profissão de árbitro de futebol poderia implicar responsabilidade objetiva do árbitro, seja no erro de direito, seja no erro de fato?

---

(12) Edílson Pereira de Carvalho e Paulo José Danelon.

(13) Processo n. 583.00.2006.145102-5 — 17ª Vara Cível do Fórum Central João Mendes Júnior da Comarca de São Paulo-SP, — CFE. <www.tj.sp.gov.br/pesquisa/1ªInstancia/capital>. Consultado em: 17.11.07.

(14) *Curso de direito desportivo sistêmico*. p. 340.

(15) *Vide Cuadernos de derecho deportivo* — Crespo e Navía — n. 6/7, p. 216-232.

4

Direito de Arena do Árbitro de Futebol

Direito de Arena, no conceito de *Felipe L Ezabella* (*Revista do IBDD* — vol. 8 — p. 200) *"nada mais é do que o direito conferido às entidades de prática desportiva, e não aos atletas, de negociar a transmissão ou retransmissão das imagens de qualquer evento de que participem. Ou seja, as entidades de prática, normalmente clubes, que detêm todos os direitos relativos à imagem coletiva do espetáculo, com a exceção dos flagrantes para fins jornalísticos."* O Direito de Arena (termo que deriva de areia, em alusão ao piso das antigas "arenas" dos gladiadores) difere do Direito de imagem, embora se possa afirmar que aquele é uma espécie deste, já que se refere à imagem coletiva do espetáculo.

O chamado Direito de Arena foi inicialmente previsto na legislação brasileira na Lei dos Direitos Autorais (arts. 100 e 101 da Lei n. 5.988/73). No âmbito esportivo, entretanto, o referido Direito foi introduzido pelo art. 24 da Lei n. 8.672/93 (Lei Zico) e atualmente encontra-se previsto no art. 42 da Lei Pelé (Lei n. 9.615/98), que diz:

> "Art. 42 — Às entidades de prática desportiva pertence o direito de negociar, autorizar e proibir a fixação, a transmissão ou a retransmissão de imagem de espetáculo ou eventos desportivos de que participem.
>
> § 1º Salvo convenção em contrário, vinte por cento do preço total da autorização, como mínimo, será distribuído, em partes iguais, aos atletas profissionais participantes do espetáculo ou evento..."

A literalidade do dispositivo permite concluir que árbitros, mesmo participantes do espetáculo, não estão incluídos entre os beneficiários do produto a que se refere o dispositivo legal. Entretanto, pela natureza da atividade desempenhada e pela participação imprescindível no espetáculo, o referido direito deveria estender-se aos árbitros e a seus auxiliares que efetivamente participem das partidas.

A questão já vem sendo submetida ao Judiciário. Na 30ª Vara Cível do Rio de Janeiro, os Sindicatos de Árbitros de Futebol do Estado de São Paulo e do Rio de Janeiro, na condição de substitutos processuais de seus associados, ajuizaram, em 2005, ação em que pleiteiam 3% das receitas oriundas do pagamento das televisões em Campeonatos estaduais e nacionais em que os árbitros filiados àquelas entidades tenham atuado nos últimos 20 anos (processo n. 2005.001.036313-9). A sentença julgou improcedentes os pedidos, entendendo que a pretensão não tem amparo legal e que os árbitros já sabem, de antemão, a sua condição no espetáculo. Além disso, ressalta a decisão judicial que os campeonatos vêm sendo transmitidos há mais de 20 anos sem qualquer oposição dos árbitros e seus Sindicatos.

A Apelação Cível do caso (n. 2007.001.19026) foi julgada pela 3ª Câmara Cível do Tribunal de Justiça do Rio de Janeiro, em 10 de julho de 2007 (*vide* <www.tj.rj.gov.br>). O Jornalista *Ancelmo Gois*, ao noticiar o julgamento em sua coluna no *Jornal O Globo*, do Rio de Janeiro, edição de 11 de julho de 2007, escreveu: *"Lei Ana Paula — A 3ª Câmara Cível do TJ-RJ negou ontem pedido de sindicatos de árbitros que querem receber direitos de imagem por apitarem jogos transmitidos pela TV. Na Europa, o chamado direito de arena se estende à turma do apito."* O acórdão que negou provimento à Apelação dos Sindicatos aguarda publicação desde julho de 2007 (em 5 de julho de 2008 ainda não havia sido publicado), o que expõe uma "chaga" do Judiciário Brasileiro, que é a demora na prestação jurisdicional, na qual a simples publicação de um acórdão em alguns Tribunais chega a levar mais de dez meses ou mesmo mais de ano. Diante disso resta louvar, mais uma vez, a celeridade e a efetividade da Justiça Desportiva.

A discussão a respeito da questão árbitro/Direito de Arena não é nova. O professor *José de Oliveira Ascenção, in Revista de Direito Civil*, n. 35, p. 24, 1981, ao analisar, na vigência da Lei n. 5.988/73, a possibilidade de que juízes, jogadores reservas, massagistas, bandeirinhas e gandulas possam participar das receitas pagas a título de Direito de Arena, conclui que não seria o *"caso de estarmos diante de um direito dessas pessoas sobre a própria imagem"* e que apenas *"poderiam invocar tal direito se a legislação assim o autorizasse"*. O advogado *Erikson Cavazza Marques*, (*in Curso de Direito Desportivo Sistêmico — Rubens Approbato Machado* e Outros-Quartier Latin — p. 147/149), já arrimado no art. 42 da Lei Pelé, se posiciona no mesmo sentido, entendendo que não cabe qualquer participação dos árbitros no produto oriundo da retransmissão do espetáculo. Escrevendo sobre Liberdade de Informação, Internet, Árbitros de Futebol e Atletas Amadores: Aspectos Controvertidos da Comercialização das Imagens do Espetáculo Esportivo (p. 147), ao sustentar que os árbitros não têm o direito de participar das receitas a título de "Direito de Arena", diz ele:

> "Independentemente da questão de ausência de previsão legal, afinal de contas é porque não existe norma escrita de que os árbitros não teriam

> direito a participar das receitas, a situação deles está estritamente ligada à natureza da sua prestação. Em outras palavras, a participação, ou não, dos árbitros depende do tipo de contribuição deles para o espetáculo esportivo. Assim, considerando o fato de que não cabe aos árbitros a organização do evento esportivo, a sua participação a título de direito de arena só se justifica se fosse nas mesmas condições da participação dos atletas, o que, aliás, é sustentado pelos Sindicatos de Árbitros ao solicitarem uma participação de 3% (três por cento) nas receitas.
>
> Destarte, se não resta dúvida quanto ao papel fundamental do atleta na participação do evento esportivo, o mesmo não acontece em relação aos árbitros. Sabemos que estes, efetivamente, não tomam parte da manifestação esportiva. Não lhes cabe qualquer papel de efetivos partícipes do espetáculo esportivo. Quando muito, poder-se-ia considerá-los como sendo auxiliares da produção do evento. E isso tanto é verdade que vale lembrar o adágio segundo o qual 'árbitro bom é aquele que não é notado'. Indiscutivelmente, os protagonistas do evento são os atletas e somente a estes deve ser atribuída parte das receitas por conta da arrecadação da venda de direitos de retransmissão."

Posição diametralmente oposta defende o Professor *Antônio Chaves*, para quem *"o direito de arena deveria ser estendido aos árbitros (Direito de Arena,* Julex livros, 1988, p. 61). Invocando lições de *J. Pereira* e de *Edmundo Pizzaro D'Ávila, Antônio Chaves* sustenta que *"ressalvada, pois, essa parte intocável desses artistas principais, não deveria existir óbice ao reconhecimento dos direitos dos demais participantes, entre os quais ressalta a figura central, imprescindível, muitas vezes apaixonante, do Juiz. Admiti-lo corresponde a um princípio de Justiça" (op. cit. p. 62).* Tal corrente também é engrossada pelo prof. *Carlos Alberto Bittar* que afirma que *"...é em razão da entidade e sob a respectiva bandeira que os participantes se reúnem para o espetáculo, estendendo-se essa observação também aos árbitros(atletas na definição legal da profissão), frente ao reconhecimento da associação correspondente (ABDA). Figuram estes e os jogadores, pois, como partícipes do direito de arena, tipificado na lei como direito conexo".* (*in Direito de Autor*, *Bittar*, p. 162).

Embora respeitável a posição dos que não reconhecem o direito, entende-se que o árbitro de futebol e seus auxiliares podem reivindicar os direitos de imagem e de arena referentes ao espetáculo em que atuarem, representados pelas suas entidades representantes da categoria (Sindicatos, associações e ANAF/FEBAF). Até porque eles são imprescindíveis à própria realização do espetáculo. Se não houver árbitros, os jogos simplesmente não se realizarão. Além disso, a arbitragem permite que o espetáculo se realize de forma organizada e com a observância das regras do jogo. Assim, em razão da participação indispensável dos árbitros e auxiliares no espetáculo de futebol, por questão de isonomia (se o § 1º do art. 42 da Lei Pelé já assegura participação dos atletas no produto da comercialização dos direitos de transmissão, por serem eles indispensáveis à própria realização do espetáculo, tal direito evidentemente se estende aos demais participantes imprescindíveis dos jogos, como os árbitros) também eles deveriam receber participação a título de "Direito de Arena", como os atletas, mesmo que dos árbitros se exija a imparcialidade na atuação. Tal direito pode ser reconhecido pelo Judiciário, no qual pode ser discutida inclusive a constitucionalidade do artigo da Lei Pelé que limita o referido direito aos jogadores. É que o art. 5º, inciso XXVIII da Constituição Federal é expresso em assegurar a *"proteção às participações individuais em obras coletivas e à reprodução da imagem e voz humanas, inclusive nas atividades desportivas"*. Entretanto, para que discussões futuras não se instalem, seria importante que a questão fosse incluída na Lei Pelé ou no "Estatuto do Esporte ou Desporto" em gestação no Congresso Nacional.

Finalmente, é oportuno lembrar, que a necessidade de aperfeiçoamento e profissionalização dos árbitros é "causa" urgente e todos são unânimes em reclamar e exigir tal qualificação. Entretanto, quando se trata de remunerar adequadamente tais profissionais, as resistências são grandes, inclusive dos legisladores e dos clubes, que são os primeiros a enfatizar a "desqualificação dos mediadores". Por que, então, não permitir que, pelo menos, os árbitros percebam sobre as transmissões dos jogos a título de Direito de Arena??

Considerações Finais

O árbitro, na condição de partícipe indispensável à realização das partidas de futebol, necessita aperfeiçoar-se física, técnica e psicologicamente, para manter-se ao nível de exigência do futebol atual. A profissionalização e o reconhecimento formal da profissão no Brasil serão passos importantes para a qualificação e melhoria da atividade.

A Justiça Desportiva brasileira, cuja autonomia está prevista na Constituição Federal, tem na súmula e no relatório do árbitro elementos essenciais ao julgamento das infrações relacionadas às partidas de futebol. Por isso, é fundamental que os fatos geradores estejam adequada e fielmente descritos, para que os infratores possam ser julgados e para que os próprios árbitros não sejam levados aos Tribunais Desportivos.

O Poder Judiciário brasileiro vem enfrentando questões trabalhistas, criminais e cíveis relacionadas à atividade do árbitro de futebol. Na esfera trabalhista, discutem-se as relações de trabalho, inclusive a respeito do vínculo trabalhista. Na Justiça comum, seja na esfera criminal, seja na cível, inúmeros fatos relacionados à atividade têm desaguado em processos judiciais. Nessa esteira, a existência de crimes como lesões corporais, homicídios, ofensas morais, calúnia, injúria, difamação e outros são analisados e julgados sob a ótica penal e cível, incluindo a responsabilidade civil dos infratores. Não se pode esquecer, também, das demandas aforadas contra árbitros, principalmente por torcedores, em razão de erros cometidos por aqueles.

Os árbitros, apesar de nortear sua atividade pela imparcialidade, também têm o chamado "Direito de Arena", apenas reconhecido expressamente aos clubes e jogadores na Legislação Pátria infraconstitucional. Embora decisão recente da Justiça do Rio de Janeiro tenha negado tal postulação, os Princípios Constitucionais da Isonomia e da proteção individual em obras coletivas respaldam tal direito. Além disso, importante invocar que o árbitro é "personagem" indispensável à realização do espetáculo e que, no Direito comparado, alguns países reconhecem e aplicam tal benefício pecuniário. A solução legislativa para a questão seria a sua inclusão no "Estatuto do Desporto" em tramitação no Congresso Nacional.

As questões jurídicas que envolvem a atividade do árbitro de futebol estão a merecer estudos e manifestações doutrinárias científicas, isentas das paixões clubísticas que são típicas do futebol. O Direito Desportivo, como ramo novo da Ciência Jurídica, deve debruçar-se sobre tais desafios, a fim de contribuir para o aperfeiçoamento das relações dos árbitros com entidades dirigentes e clubes, bem como para a qualificação e segurança no desempenho da própria atividade.

Obras Consultadas

AIDAR, Carlos Miguel *et al*; *Curso de direito desportivo.* São Paulo: Ícone Editora, 2003.

A ARBITRAGEM NOS CAMPEONATOS NACIONAIS — edição do Sindicato dos Árbitros de Futebol de São Paulo — SAFESP — 2008.

ASSIS NETO, S. J. de. *O desporto no direito.* Araras: Best Book Editores, 1998.

BARBOSA. Alberto Puga *et al. Código Brasileiro de Justiça Desportiva comentado.* São Paulo: Ed. Quartier Latin do Brasil, 2006.

BITTAR, Carlos Alberto. *Direito de autor.* 2. ed. Rio de Janeiro: Renovar, 1994.

BORSARI, José Roberto. *A evolução do futebol.* São Paulo: Ed. Pedagógica e Universitária, 2002.

CABEZÓN, Ricardo de Moraes. *Os direitos do torcedor.* São Paulo: Memória Jurídica Editora, 2006.

CAPPA, Josmar Gilberto. *Passado e presente do sistema de relações de trabalho no Brasil.* São Paulo: LTr, 2000.

CARLEZZO, Eduardo. *Direito desportivo empresarial.* São Paulo: Ed. Juarez de Oliveira, 2004.

CHAVES, Antônio. *Direito de arena.* Campinas: Julex livros, 1988.

CRESPO, Daniel.;NAVIA, Ricardo Frega. *Cuadernos de derecho desportivo.* Buenos Aires: Editora AD-HOC ns. 6/7, 2006.

DELBIN, Gustavo; GRAICHE, Ricardo; SILVA, Rodrigo F.C. *Elementos de direito desportivo sistêmico.* São Paulo: Editora Quartier Latin, 2008.

DIENSTMANN, Cláudio; DENARDIN, Pedro Ernesto. *Brasil de todas as copas.* Porto Alegre: Ed. Ideograf, 2006.

EZABELLA, Felipe Legrazie. *O direito desportivo e a imagem do atleta.* São Paulo: IOB Thomson Editora, 2006.

FIORI, Euclydes Zamperetti. *A república do apito.* São Paulo: Editora Caminho das Idéias, 2006.

FRANSCISCON, Mário. *FUTEBOL — regras e legislação.* 9. ed. São Paulo: SP, 1989.

GALEANO, Eduardo. *Futebol ao sol e à sombra.* Tradução de Eric Nepomuceno e Maria do Carmo Brito. Porto Alegre: Ed. L&PM POCKET, 2004.

IVO, Jasiel. *Relações de trabalho com o Estado e princípios constitucionais.* São Paulo: Ed. Juruá, 2001.

KRIEGER, Marcílio. *Lei Pelé e legislação desportiva brasileira anotadas.* Rio de Janeiro: Ed. Forense, 1999.

KRIEGER, Marcílio. *Anotações ao CBJD e legislação desportiva.* Florianópolis. OAB/SC Editora, 2007.

LOVATO FILHO, Cláudio. *Na marca do pênalti.* São Paulo: Editora 34, 2002.

LUPO, Victor. *História política del deporte argentino (1610-2002).* Buenos Aires: ed. Corregidor, 2004.

MACHADO, Rubens Approbato *et al. Curso de direito desportivo sistêmico.* São Paulo: Ed. Quartier Latin, 2007.

MARSIGLIA, Renato. *Por dentro da copa.* Porto Alegre: Ed.Tchê, 1994.

MELO FILHO, Álvaro. *O desporto.* Porto Alegre: Malheiros Editores, 1995.

______. *Direito desportivo-novos rumos.* Belo Horizonte: Ed. Del Rey, 2004.

______. *Direito desportivo atual.* Rio de Janeiro: Ed. Forense, 1986.

______. *Novo ordenamento jurídico desportivo.* Fortaleza: Ed. ABC, 2000.

MIRANDA, Martinho Neves. *O direito no desporto.* Rio de Janeiro: Ed. Lumen Júris, 2007.

NAVASCUÉS, Henán. *Futbol profesional — trabajo y derecho.* Montevidéo: Ediciones de La Plaza, 2005.

NUNES, Inácio. *Lei Pelé comentada e comparada*: Rio de Janeiro: Lumen Juris, 2000 .

OLIVEIRA JUNIOR, Piraci Ubiratam. *Clubes brasileiros de futebol — reflexos fiscais.* Rio de Janeiro: Ed. MAUAD, 2004.

PERRY. Valed. *Crônica de uma certa lei do desporto.* Rio de Janeiro: Ed. Lúmen Júris, 1999.

______. *Futebol e legislação.* Rio de Janeiro: Ed. Gráfica Vitória, 1973.

PIRES, Luiz Zini. *71 segundos — O jogo de uma vida.* Porto Alegre: Ed. LPM Editores, 2006.

Revista Brasileira de Direito Desportivo — Instituto Brasileiro de Direito Desportivo-IBDD — v. 01 a 12.

Revista PLACAR. São Paulo: Editora Abril. Ns. 1.115 (maio/1996) e 1288 (novembro de 2005) etc.

Revista REGRAS DO JOGO DE FUTEBOL — edição do Sindicato dos Árbitros de Futebol do Estado de São Paulo — SAFESP, 2007.

Revista REGRAS DO JOGO DE FUTEBOL. Edição do Sindicato dos Árbitros de Futebol do Estado do Rio Grande do Sul. Porto Alegre: 2007/2008.

RIPOLL, José Muñoz. *El arbitro de futbol.* Madri: Editor Esteban Sanz Martinez, 1981.

RODRIGUES, Ernesto. *Jogo duro (A história de João Havelange).* Rio de Janeiro: Editora Record, 2007.

RODRIGUES, Hélder Gonçalves Dias. *A responsabilidades civil e criminal nas atividades desportivas.* Campinas: Ed. Servanda Editora, 2004.

SCHMITT, Paulo Marcos. *Curso de justiça desportiva.* São Paulo: Ed. Quartier Latin, 2007.

SCHMITT, Paulo Marcos, coordenador — *Código brasileiro de justiça desportiva comentado* — São Paulo: Editora Quartier Latin, 2006.

SILVA, Eduardo Augusto Viana da. *O poder, a sociedade e o Estado — O poder no desporto.* Rio de Janeiro: Ed. Lumen Júris, 2006.

SIMON, Carlos Eugênio. *Na diagonal do campo.* São Leopoldo: Ed. Unisinos, 2004.

SION, Marcos Frederico Donnici. *Comentários sobre o Código Brasileiro de Justiça Desportiva.* Rio de Janeiro: Ed. MAUAD, 2004.

STEPHAN, Cláudia Coutinho. *Relações individuais de trabalho.* São Paulo: LTr, 1998.

TORRES, Ricardo Lobo *et al. Teoria dos direitos fundamentais.* Rio de Janeiro: Editora Renovar, 1999.

WEISS, Edson; JARDIM, Rafael Andrade. *Dossiê Corinthians.* São Paulo: Ed. Pillares, 2007.